AF564963

व्यावहारिक

पत्र-लेखन कला

व्यावहारिक
पत्र-लेखन कला

ब्रजकिशोर प्रसाद सिंह

विद्या विकास एकेडेमी

प्रकाशक : **विद्या विकास एकेडेमी**

3637 नेताजी सुभाष मार्ग, दरियागंज, नई दिल्ली–110002

 • संस्करण : 2026 • मूल्य : तीन सौ पचास रुपए

मुद्रक : श्री साई प्रिंटर्स, साहिबाबाद ISBN 978-81-928508-2-5

VYAVAHARIK PATRA-LEKHAN KALA

by Braj Kishore Prasad Singh ₹ 350.00

Published by **VIDYA VIKAS ACADEMY**

3637 Netaji Subhash Marg, Darya Ganj, New Delhi-110002

प्राक्कथन

पत्रों का मानव-जीवन से सीधा संबंध है। शायद ही ऐसा कोई आदमी हो, जिसे जीवन में कभी पत्र लिखने की आवश्यकता न पड़ी हो। अगर किसी को पत्र लिखने का अवसर न मिला हो तो प्राप्त करने का तो अवश्य ही मौका मिला होगा।

यही कारण है कि प्राथमिक विद्यालयों से महाविद्यालयों तक की परीक्षाओं में पत्र-लेखन संबंधी प्रश्न आते हैं। कार्यालयों में तो अनिवार्य रूप से पत्रों की आवश्यकता प्रतीत होती है।

यह सब देखते हुए मैंने समझ-बूझकर पत्र-लेखन पर इस पुस्तक को तैयार किया है। यह पुस्तक पत्रों से संबंधित सभी पहलुओं को छूती है। पत्र विधा की ऐसी कोई चीज नहीं है, जिसका समावेश इस पुस्तक में न हुआ हो।

बाजारों में पत्र-लेखन पर अनेक पुस्तकें उपलब्ध हैं, लेकिन किसी पुस्तक में शायद ही संपूर्णता हो। अधूरी, एकांगी, फूहड़ बातें यहाँ नहीं हैं। यहाँ प्रयास यह हुआ है कि इस पुस्तक के प्रकाशन के बाद पाठक वर्ग की ओर से केवल इस पुस्तक की ही माँग आए। यह पुस्तक अपने-आप में पत्र-लेखन कला का ट्रेड-मार्क हो जाए, मेरी ओर से यही कोशिश की गई है।

मैं इन तमाम कोशिशों को लेखन से मूर्त करने की सफल चेष्टा की है। विशेष रूप से यह पुस्तक कार्यालय और सचिवालय के

बाबुओं के लिए कारगर सिद्ध होगी, जिन्हें रुचि अनुरूप सारी सामग्रियाँ प्राप्त होती रहेंगी।

आम आदमी के बीच इलेक्ट्रॉनिक साधनों के कारण पत्र आज भले ही अति महत्त्वपूर्ण नहीं रह गया हो, लेकिन सरकारी महकमों में आज भी इसकी जरूरत ज्यों-की-त्यों बनी हुई है, बल्कि और बढ़ी है।

सबसे अधिक परेशानी तो कार्यालय-सहायक की सेवा में नवागत को होती है। वैसी अवस्था में इस पुस्तक का महत्त्व समझा जा सकता है।

आशा है, आम जीवन में इस पुस्तक के चाहनेवाले लोगों की कमी नहीं होगी और यह पुस्तक उसकी उपेक्षाओं पर खरी उतरेगी।

— ब्रजकिशोर प्रसाद सिंह

शोकहरा (शास्त्री लेन)
पो. बरौनी,
जिला-बेगूसराय-851112 (बिहार)
फोन-09334118097

अनुक्रम

1

पत्र-लेखन की ऐतिहासिकता

मनुष्य जब से लिखने-पढ़ने लगा तभी से अपने विचारों के आदान-प्रदान का माध्यम 'पत्र' को बनाया गया। प्रारंभिक दौर में वैचारिक आदान-प्रदान का एकमात्र माध्यम पत्र हुआ करता था। प्रेमिका और प्रेमियों के बीच परस्पर संवाद का जरिया पत्र था तो दो देशों या देशी राजाओं के बीच संवाद का माध्यम पत्र ही था।

पत्र भेजने की सुनिश्चित व्यवस्था डाक विभाग की स्थापना के बाद ही संभव हो सकी है। डाक विभाग ने जब से काम करना शुरू कर दिया, तब से संवाद यानी संदेश प्रेषित करने में कठिनाइयाँ कम हो गईं।

डाक-व्यवस्था के जन्म से पूर्व पत्र प्रेषित करने का जरिया या तो घुड़सवार सिपाही थे या आकाशमार्ग से पत्र पहुँचानेवाला दूत 'कबूतर' था। पक्षियों में कबूतर इस मायने में गजब का पक्षी है। संदेश पहुँचाने की विश्वसनीयता पर कबूतर ने कभी आँच नहीं आने दी।

मानव के रूप में जो दूत पत्र लेकर जाते रहे थे उनके महत्त्व का क्या कहना है।

दूत भी दो प्रकार का कार्य करते थे। एक प्रकार के दूत

मौखिक संदेश पहुँचाते थे तो दूसरे प्रकार के दूत लिखित संदेश पहुँचाते थे। निश्चित रूप से लिखित संदेश पहुँचानेवाले दूत अधिक महत्त्वपूर्ण माने जाते थे। प्राचीनकाल और मध्यकाल में दूत द्वारा संदेश-प्रेषण का कार्य काफी प्रचलित था। दूसरे पक्ष के पास प्रथम पक्ष संदेश लेकर जाता था और प्रथम पक्ष का सर्वाधिक महत्त्वपूर्ण व्यक्ति उसे ग्रहण करता था। वह दूत प्रथम पक्ष और द्वितीय पक्ष की समवेत आवश्यकता व अनिवार्यता के केंद्र में होता था। उदय-अस्त, उत्थान-पतन, सामंजस्य-असामंजस्य, द्विपक्षीय संभावित संघर्ष, द्विपक्षीय संभावित ऐक्य आदि के केंद्र में एकमात्र दूत होता था।

समय करवट लेने लगा। विज्ञान की प्रगति होती गई। साधन बढ़ते गए। कम-से-कम समय में अधिक-से-अधिक दूरी तय की जाने लगी। ऐसी स्थिति में स्वाभाविक है कि पुराने हथकंडे व्यर्थ प्रतीत होने लगे। संपर्क स्थापित करने के आधुनिकतम साधन उपलब्ध होने से अब पत्र लिखने की या लिखवाने की जहमत झेलने की स्थिति नहीं रही। यद्यपि अनपढ़, अल्पशिक्षित लोगों के लिए आज भी समस्या बनी हुई है और पत्र का मुहताज होना पड़ रहा है तथापि अब तो 'इ-मेल' के जरिए (बशर्ते कि पत्र तैयार होना चाहिए) पहुँचाने की समस्या छू-मंतर हो गई है। 'इ-मेल' से पूर्व और पत्र के मध्य 'तार' (Telegram) की व्यवस्था से भी आम आदमी को काफी राहत मिली थी।

माना कि आधुनिक इलेक्ट्रॉनिक साधनों ने दुनिया को छोटी बना दिया है और समय को काफी महत्त्वपूर्ण बना दिया है, लेकिन पत्र लिखना अब भी कम नहीं हुआ है।

कुछ क्षेत्र में भले ही पत्र लिखने में कमी आई है, जिसकी भरपाई मोबाइल फोन से हो जाती है, लेकिन सरकारी महकमों में पत्र लिखने का सिलसिला निरंतर चलता रहा है और चलता रहेगा।

यह तो मानना ही है कि पिछले हजार वर्षों से पत्र की मर्यादा

अक्षुण्ण रही है। डाक विभाग जब से सरकारी विभाग के रूप में कार्यरत हुआ, पत्रों की बाढ़ सी आ गई। यह नजारा तब देखने को मिलेगा जब आप आज की तारीख में किसी रेलवे स्टेशन पर, जो बड़ा जंक्शन है, डाक विभाग की सेवा से रू-ब-रू होंगे। एक आश्चर्य होता है कि आखिर इतने लोग पत्र लिखते हैं।

मेरा अनुमान यह है कि पत्र ही एक ऐसा माध्यम है जिससे लोग अपने मन की बातों से संबद्ध व्यक्ति को अवगत करा सकते हैं। आजकल पत्र पाने और भेजने की प्रक्रिया को 'पत्राचार' कहा जाता है।

साहित्य-क्षेत्र में साहित्यकारों के बीच के पत्राचार या महान् व्यक्तियों से पत्राचार को एक अलग विधा के रूप में स्वीकार किया जा चुका है। आजकल तो अनिवार्य रूप से पाठ्य-पुस्तकों में भी एकाध 'पत्र' दिए जाने लगे हैं। पत्र छोटा भी हो सकता है और बड़ा भी। पत्र दो-चार-दस पंक्तियों में भी लिखा जा सकता है और कई पृष्ठों का भी हो सकता है। साहित्यकारों द्वारा लिखा गया पत्र बेशक एक उत्कृष्ट साहित्यिक रचना होगा और एक सिद्धहस्त राजनेता का पत्र बेशक दार्शनिक तथ्यों पर आधारित और जीवनोपयोगी होता है।

अस्तु, पत्र की महत्ता सदा-सर्वदा अक्षुण्ण रहेगी, यह संभावना दिखाई पड़ती है। यही कारण है कि पत्राचार अथवा पत्र-लेखन पर किसी उत्कृष्ट पुस्तक की आकांक्षा आम पाठक को भी होती है।

□

2

पत्र-लेखन की प्रासंगिकता

पत्र-लेखन आज के माहौल में भी प्रासंगिक है। अपने विचारों को स्वच्छंदतापूर्वक व्यक्त करने का एक सरल और सस्ता माध्यम 'पत्र' होता है। पत्र का उपयोग अमीर-गरीब सभी कर सकते हैं। पत्र किसी को भी लिखा जा सकता है। 'पत्र' का सीधा अर्थ होता है अपने विचारों से संबंधित व्यक्ति को अवगत कराना। वह व्यक्ति आपका नौकर भी हो सकता है, मित्र भी हो सकता है, मंत्री भी हो सकता है, यहाँ तक कि प्रधानमंत्री और राष्ट्रपति भी हो सकते हैं। यह दीगर बात है कि औपचारिकताओं के निर्वहन में संबोधन और भाषा का अंतर हो सकता है। आज के युग में संवाद प्रेषित करने, समाचार प्रेषित करने और विचार प्रेषित करने का इससे सस्ता और सरल साधन दूसरा नहीं है। हुमायूँ और महारानी कर्मवती के जमाने में भी पत्र प्रासंगिक थे, पं. जवाहरलाल नेहरू और महात्मा गांधी, डॉ. राजेंद्र प्रसाद वगैरह के जमाने में भी पत्र प्रासंगिक थे, तो भगतसिंह, राम प्रसाद बिस्मिल, प्रफुल्ल चंद्र चाकी, सुभाषचंद्र बोस, चंद्रशेखर आजाद के समय में भी पत्र प्रासंगिक थे।

आज इ-मेल, फैक्स इत्यादि द्रुत माध्यमों के जमाने में भी

कथ्य की दृष्टि से पत्र नितांत प्रासंगिक हैं।

कुछ लोग भूलवश कह बैठते हैं कि अब पत्र की महत्ता कम होती जा रही है। इसका स्थान इलेक्ट्रॉनिक साधनों ने ले लिया है, लेकिन ऐसी बात नहीं है। इ-मेल हो या फैक्स—ये भेजने के साधन हैं, साध्य तो हैं नहीं। साध्य तो 'पत्र' ही है। पत्र रहेगा तब तो इ-मेल से उसे प्रेषित किया जाएगा। पत्र रहेगा तभी तो फैक्स से उसे भेज दिया जाएगा।

इस हेतु यह कहना अतिशयोक्तिपूर्ण नहीं होगा कि पत्र-लेखन आज के युग-संदर्भ में भी निहायत आवश्यक है। 'पत्र' एक सदाबहार चीज है। हम राह चलते समयाभाव में भी अगर आवश्यक समझते हैं तो कागज के किसी अनियमित टुकड़े पर दो-चार वाक्यों में कोई संदेश किसी को हाथो-हाथ भेज देते हैं। 'पत्र' कभी-कभी तो जीवन का अविभाज्य अंग प्रतीत होने लगता है।

व्यवसाय की बात कीजिए, तो इस क्षेत्र में भी इसकी आवश्यकता अक्षुण्ण है। हम किसी पुस्तक के प्रकाशक को मोबाइल फोन से भी कह सकते हैं, लेकिन नियम-पूर्वक प्रेषित संदेश का प्रमाण सुरक्षित रखने के लिए हमें पत्र लिखना ही पड़ता है। हो सकता है पत्र लिखने की आवश्यकता किसी व्यक्ति को कभी महसूस न हो, लेकिन यह भी हो सकता है कि किसी-किसी व्यक्ति को कभी-न-कभी पत्र लिखना ही पड़ जाता है। सरकारी महकमों में तो पत्र निहायत आवश्यक हो गया है। फाइलों में पत्र सुरक्षित रखे जाते हैं। वर्षों बाद भी हम अपनी दावेदारी खड़ी कर सकते हैं। इसीलिए सरकारी काम-काज में आज भी पत्रों का महत्त्व बरकरार है।

□

3

आधुनिक वैज्ञानिक युग में पत्र-लेखन की अनिवार्यता

पत्र के माध्यम से हम मन की बातों को जब व्यक्त करते हैं तो संतुष्ट होते हैं, इसका कारण यह है कि हमारे मन में एक धारणा यह बनती है कि पत्र में गुप्त रूप से हम संबंधित व्यक्ति को सबकुछ कह डालते हैं। पत्र में एकमात्र पोस्टकार्ड खुला होता है। आजकल पोस्टकार्ड का उपयोग निहायत कम हो गया है, इसका सबसे बड़ा कारण खुलापन ही है। लोग गोपनीयता पसंद करते हैं और इसीलिए लिफाफे में बंद कर मन की बातें भेजकर मन हलका कर लेते हैं।

मन की भाषा प्राय: सरल और सुबोध ही होती है। लेकिन यह आवश्यक नहीं है। यह बात तो प्रेषिती पर निर्भर है कि उसका स्तर क्या है। अगर प्रेषक और प्रेषिती—दोनों ही पक्ष क्लिष्टता पसंद करते हैं तो पत्र की भाषा क्लिष्ट भी हो सकती है।

चूँकि तार अतिसंक्षिप्त होता है इसीलिए वह विषम परिस्थिति में ही व्यवहार में लाया जाता है। तार संवाद-प्रेषण का सदाबहार माध्यम नहीं माना जाएगा। आज का युग भले ही विज्ञान का युग क्यों न हो, पत्र के सिवा दूसरा कोई संवाद का सशक्त माध्यम है ही नहीं।

इ-मेल से पत्र भेजा जा सकता है। लेकिन यह प्रायः एक-दो पृष्ठ से अधिक नहीं, लेकिन पत्र में ऐसी कोई पाबंदी नहीं है। आप चाहें तो बीस पृष्ठों का पत्र भी स्टेपल कर भेज सकते हैं।

मन की भावना पर विज्ञान का कोई प्रभाव नहीं है। विज्ञान लाख प्रगति करे, मानव का विकल्प 'रोबोट' क्या, वह मानव ही क्यों न बना डाले, पत्र उनके बीच अस्तित्व में रहेगा ही। मनुष्य की भावनाओं पर विज्ञान का कोई प्रभाव नहीं पड़ सकता।

जिसके मन में प्रेम के भाव का उदय हो चुका है वह चाहे टूटी साइकिल से चले, द्रुतगामी रेल से या हवाई जहाज से चले, उसके मन में प्रेम और प्रेमी या प्रेमिका के प्रति आसक्ति रहेगी ही।

□

4

अच्छे पत्र के गुण

पत्र लिखना अलग बात है और पत्र-लेखन कला का होना दूसरी बात है। पत्र-लेखन द्वारा एक छोटे से वाक्य को, हृदय में उमड़ते भावों को भावपूर्ण रूप से अभिव्यक्त करना एक विशेष कला है। एक अच्छा या उत्तम पत्र लिखकर लिखनेवाला स्वयं अपने व्यक्तित्व की सजीव झाँकी प्रदर्शित करता है।

पत्र-लेखन इतना तो जरूर करता है कि पत्र लिखनेवाले और पानेवाले के बीच में जो संबंध है, उसे उजागर करता है।

आज पत्र हम केवल पारिवारिक सदस्यों को ही नहीं लिखते, बल्कि अन्य अनेक विषयों—सामाजिक, व्यावसायिक, प्रशासनिक क्षेत्र में भी लिखते हैं। इन क्षेत्रों में भी पत्र-लेखन को महत्त्व दिया जाता है।

एक अच्छे पत्र के निम्नलिखित गुण माने जाते हैं—

1. सरलता,
2. स्पष्टता,
3. विनम्रता,
4. संक्षिप्तता,

5. शिष्टाचार और
6. केंद्र में मुख्य विषय।

सरलता—पत्र कोई भी, किसी प्रकार का हो, लिखनेवाले का प्रयास हो कि भाषा सरल और बोधगम्य हो। जिस प्रकार सरल और छल-कपट न करनेवाले व्यक्ति का अत्यधिक असर पड़ता है, ठीक उसी प्रकार सरल, सुबोध पत्र भी पाठक के मन पर अत्यधिक प्रभाव डालता है।

स्पष्टता—पत्र में अपने भावों को स्पष्ट रूप से लिखना चाहिए, जिससे कि पानेवाला यानी पढ़नेवाला उसका आशय समझने में देर न लगाए। कोशिश यह हो कि पत्र में लाक्षणिक भाषा का प्रयोग न हो।

विनम्रता—पत्र में विनम्र भाव का होना अत्यंत आवश्यक है। इससे पत्र-लेखन की कला में वृद्धि होती है।

संक्षिप्तता—जहाँ तक संभव हो, पत्र को संक्षेप में लिखना चाहिए। पत्र में कोई गलत भाव न लिखें, जिससे पत्र में किसी प्रकार की रुचि न रहे। पत्र संक्षेप में लिखा जाता है तो जो भी कथ्य उसमें होता है उस पर पाठक का ध्यान केंद्रित रहता है। संक्षिप्त पत्र में मर्म स्पर्श करने की शक्ति मौजूद रहती है।

शिष्टाचार—पत्र-लेखन की कला में शिष्टाचार का होना अत्यंत आवश्यक है। पत्र लिखनेवाले और पानेवाले में कोई-न-कोई संबंध तो अवश्य ही होता है। आयु और पद में बड़े व्यक्तियों के लिए पत्र लिखने से पूर्व सम्मान के भाव का उदय होता है। यही कारण है कि पत्र का लेखक बड़े व्यक्तियों (उम्रदराज) के लिए आदरणीय, श्रद्धेय आदि शब्दों का प्रयोग करता है। समान उम्रवालों के लिए स्नेहपूर्वक या इसी तरह के शब्दों का प्रयोग किया जाता है।

केंद्रीय विषय—उचित अभिवादन और संबोधन के उपरांत सीधे मुख्य विषय पर आया जाता है।

पत्र-लेखन में सावधानी बरतनी पड़ती है

पत्र में जो बातें जहाँ और जिस ढंग से लिखी जानी चाहिए, उसे उसी ढंग से लिखना चाहिए।

पत्र–लेखन के समय मन शांत होना चाहिए। भावावेश में कभी पत्र नहीं लिखना चाहिए। ऐसा होने से पत्र में वैसी बातों का समादेश हो जाता है जिससे पढ़नेवाले को ठेस पहुँचती है।

पत्र पानेवाले को भी एक बात सदैव याद रखनी चाहिए कि पत्र का उत्तर उचित और सही समय पर दे देना चाहिए। क्योंकि पत्र लिखनेवाला इसी उम्मीद से पत्र लिखता है कि उसे जवाब मिलेगा।

पत्र लिखने के बाद पता लिखते समय पूरी तरह सतर्क रहना चाहिए। पते में गड़बड़ी या मकान नंबर वगैरह की गलती या पिन कोड आदि गलत होने से पत्र लौट भी जाता है।

पत्र के प्रकार

पत्र अमूमन तीन प्रकार के होते हैं—

1. निजी या व्यक्तिगत पत्र (Personal Letter)
2. व्यावसायिक पत्र (Commercial Letter)
3. सरकारी पत्र या कार्यालयीय पत्र (Official Letter)

पत्र के अंग

व्यक्तिगत या सामाजिक पत्र के अंग इस प्रकार हैं—

(1) लिखनेवाले का पता और तिथि—दाईं ओर स्थान, मुहल्ले, गली का नाम और नंबर इत्यादि के बाद तिथि।

बाईं ओर नाम या रिश्ता, उसके नीचे उचित संबोधन।

बीच में पत्र का मुख्य विषय, सबसे नीचे के पैराग्राफ में जो कुछ अंतिम–रूपेण देना होता है।

सबसे नीचे दाईं ओर लिखनेवाले या प्रेषक का रिश्ता व नाम।

(2) संबोधन और अभिवादन—संबोधन और अभिवादन—दोनों ही महत्त्वपूर्ण होते हैं। नीचे संबोधन व अभिवादन की एक तालिका दी गई है—

संबंध	संबोधन	अभिवादन
1. पिता, माता, दादा, दादी, मामा इत्यादि। इत्यादि।	पूज्य, पूज्यवर, पूजनीय, पूजनीया इत्यादि।	प्रणाम, चरण स्पर्श, सादर प्रणाम
2. बड़ा भाई, बड़ी बहन, बड़ी उम्र के रिश्तेदार, चाचा, फूफा, बुआ, मौसी इत्यादि।	आदरणीय, पूज्य, आदरणीया इत्यादि।	प्रणाम, सादर प्रणाम इत्यादि।
3. मित्र	मित्रवर, प्रियवर, प्रिय इत्यादि।	नमस्कार, सस्नेह, नमस्कार इत्यादि
4. पुत्र, पुत्री, नाती, नतिनी, छोटा भाई, छोटी बहन इत्यादि।	चिरंजीवी, आयुष्मती इत्यादि।	सुखी रहो या अन्य

(3) मुख्य कथ्य—मुख्य कथ्य से पूर्व दो-एक पंक्ति में लोग औपचारिक बातें भी लिखते हैं, जैसे—'आपका पत्र मिला', 'आपका पत्र पढ़कर मन प्रसन्न हुआ', 'यहाँ का समाचार अच्छा है'। वहाँ के समाचार के लिए ईश्वर से प्रार्थना करता हूँ।' इत्यादि।

पत्र की भाषा हमेशा शिष्ट, विनम्र और सरल होनी चाहिए।

(4) पत्र की समाप्ति—पत्र का समापन करने से पहले यथायोग्य शिष्टाचार को प्रदर्शित करना आवश्यक होता है। समाप्तिसूचक शिष्टाचार अपने से बड़ों, समान स्तर के व्यक्तियों और अपने से कम उम्र के व्यक्तियों के लिए अलग-अलग है, जैसे—

1. आदरणीय व्यक्तियों के लिए सम्मानसूचक शब्द—आपका आज्ञाकारी, स्नेहाकांक्षी, कृपापात्र इत्यादि।
2. समान स्तर के व्यक्तियों के लिए प्रयुक्त शब्द—आपका अभिन्न, आपका परममित्र इत्यादि।
3. अपने से कम उम्र के लोगों के लिए प्रयुक्त शब्द—तुम्हारा शुभचिंतक, शुभाकांक्षी इत्यादि।

(5) व्यवसाय-संबंधी या अपरिचित व्यक्तियों के लिए प्रयुक्त शब्द—आपका विश्वासी, विश्वासपात्र, प्रार्थी, निवेदक, विनीत इत्यादि। उपर्युक्त शब्दों के बाद लेखक को अपने स्पष्ट हस्ताक्षर करने चाहिए।

याद रहे कि अपने हस्ताक्षर के बाएँ किसी भी हालत में श्री या डॉ. इत्यादि शब्दों का प्रयोग नहीं करना चाहिए।

(6) जिसे पत्र लिखा जाता है, उसका पता—पत्र की समाप्ति के बाद पत्र पानेवाले व्यक्ति का नाम व पता अत्यंत सावधानीपूर्वक साफ-साफ व सही लिखा जाना चाहिए। पत्र पानेवाले व्यक्ति के नाम के आगे श्री, श्रीमान्, श्रीमती इत्यादि जरूर लगाना चाहिए। इसके बाद मकान नं. (यदि है), मुहल्ला या गली का नाम (यदि है), गली नं., गाँव इत्यादि का नाम साफ-साफ लिखा जाना चाहिए। उसके बाद यदि किसी प्रसिद्ध व्यक्ति का सहारा लेना चाहते हैं तो C/o देकर उनका नाम भी लिखें, पोस्ट-ऑफिस का नाम साफ और पूरा हो तथा यदि पिन कोड है तो वह भी लिखें। संभव हो तो आज के परिप्रेक्ष्य में पत्र पानेवाले का फोन नं. अवश्य दे दें। क्योंकि अंतिम रूपेण यदि पोस्टमैन को जरूरत महसूस हो तो वह पत्र पानेवाले से फोन या मोबाइल पर संपर्क कर उनके ठिकाने से अवगत हो सके।

एक नमूना द्रष्टव्य है—

श्री गणेश सिंह
पूर्व मुखिया

ग्राम—'क'
मुहल्ला—'ख'
पो.—'ग'
पिन कोड—'घ'

व्यक्तिगत पत्र के कुछ अन्य प्रकार

- शुभकामना-पत्र—इसमें शुभकामना व्यक्त की जाती है।
- बधाई-पत्र—इसमें किसी सफलता पर बधाई दी जाती है।
- धन्यवाद-पत्र—किसी अच्छे काम के लिए धन्यवाद दिया जाता है।
- निमंत्रण-पत्र—किसी आयोजन के लिए आमंत्रित किया जाता है।
- संवेदना-पत्र—किसी हादसे आदि का पता चलने की दशा में अपनी ओर से संवेदना व्यक्त की जाती है।
- शुभकामना-पत्र—इस पत्र द्वारा किसी कार्य के होने के पूर्व उस व्यक्ति का कार्य ठीक तरह से हो या संपन्न हो जाए, इसके लिए शुभकामना व्यक्त की जाती है। जैसे—परीक्षा से पूर्व परीक्षार्थी को, यात्रा से पूर्व यात्रा करनेवाले को।

बधाई-पत्र—इस पत्र की शुरुआत बधाई की खुशी से होनी चाहिए और शुभकामना के साथ समाप्त होना चाहिए।

धन्यवाद-पत्र—किसी अन्य के सहयोग देने, उपहार देने या किसी प्रकार की महत्त्वपूर्ण बातों पर अतिसंक्षेप में लिखा जाता है। इस पत्र में ऊपरी शिष्टाचार के स्थान पर गहरी आत्मीयता और सच्चाई झलकती है।

इस पत्र की शुरुआत धन्यवाद से होती है और समाप्ति भी धन्यवाद से ही होती है। पत्र के मध्य में किए गए उपकार या सहयोग का महत्त्व बताया जाता है।

निमंत्रण-पत्र—विवाह, गृह-प्रवेश, मुंडन, जन्म-दिन, रामायण-पाठ, भगवती-जागरण आदि अनेक मांगलिक कार्यों के अवसरों पर अपने निजी मित्र, किसी संबंधी, परिजन आदि को आमंत्रित करने के लिए निमंत्रण-पत्र लिखे जाते हैं।

इनकी शैलियाँ दो प्रकार की हैं—

1. व्यक्तिगत-पत्र शैली।
2. सामाजिक-पत्र शैली।

सामाजिक पत्रों को मुद्रित कराया जाता है। उसकी लेखन-विधियाँ अलग होती हैं।

दोनों ही शैलियों में यह याद रखना चाहिए कि कार्यक्रम का स्वरूप, समय, स्थान, दिनांक इत्यादि पत्र में अवश्य स्पष्ट हों।

संवेदना-पत्र—अपने मित्र, सहयोगी, संबंधी या परिचित की किसी प्रकार की हानि हो जाने पर जो पत्र लिखे जाते हैं, उन्हें संवेदना-पत्र कहते हैं। इन पत्रों को लिखते समय निम्नलिखित बातों का ध्यान रखा जाना चाहिए—

- इस प्रकार के पत्र की भाषा सहानुभूति से परिपूर्ण होती है।
- पहले ही वाक्य में दुःख के भावों को प्रकट करना चाहिए। जैसे—'मुझे यह सुनकर (जानकर) काफी दुःख हुआ।' इत्यादि।
- दुःख के कारण टिप्पणी करने के बाद सहानुभूति या हमदर्दी जतानी चाहिए। जैसे—'इस दुर्घटना से तुम्हें जो हानि हुई, उससे मैं विचलित हूँ।'
- इसके बाद सांत्वना देनी चाहिए। जैसे—'चलो, अधिक नुकसान नहीं हुआ है, किसी व्यक्ति को कोई नुकसान नहीं पहुँचा।' या 'शुक्र है बहुत अधिक हानि नहीं हुई।' या 'भगवान् के आगे किसी का वश नहीं चलता।' या 'होनी को कौन टाल सकता है।' इत्यादि।

- अंत में हिम्मत बँधाने का यत्न करना चाहिए। जैसे—'इस मुसीबत के क्षणों में घबराना मत।' इत्यादि।
- सबसे पीछे या अंत में अपनी सेवा या सहयोग की पेशकश करनी चाहिए। जैसे—'मेरे योग्य कोई सेवा या सहयोग हो तो अवश्य कहें या लिखना या बताना।'

□

5

अनौपचारिक पत्र : व्यक्तिगत पत्र

व्यक्तिगत पत्र किसे कहते हैं?

व्यक्तिगत पत्र को निजी पत्र भी कहा जा सकता है। व्यक्तिगत पत्र एक व्यक्ति द्वारा दूसरे व्यक्ति को लिखा जाता है। इसमें प्राय: निजी बातें रहती हैं। एक व्यक्ति किसी दूसरे व्यक्ति को निजी जानकारी देने के लिए यह पत्र लिखता है। हालाँकि वह जानकारी अपने लिए, किसी अन्य व्यक्ति के लिए, समूह, समाज या सरकार से संबंधित बातों को बयाँ करने के लिए अथवा बातों को अभिव्यक्त कर अपने मन को हलका करने के लिए दी जा सकती है। इसे अनौपचारिक पत्र भी कहते हैं।

निजी या व्यक्तिगत पत्र

एक साधारण व्यक्ति दूसरे साधारण व्यक्ति को या विशिष्ट व्यक्ति को भी लिख सकता है। इस तरह यदि सोचें तो एक व्यक्ति किसी पदाधिकारी या मंत्री को भी निजी स्तर पर व्यक्तिगत पत्र लिख सकता है। उस समय फर्क सिर्फ इतना ही होता है कि पत्र की

औपचारिकताएँ परिवर्तित हो जाती हैं।

हालाँकि शिक्षा का स्तर गिरने से या पत्र के लेखक के अल्पज्ञ होने से यह समस्या उठ खड़ी हो जाती है कि आजकल कोई आम आदमी किसी विशिष्ट व्यक्ति को कैसे पत्र लिखेगा। कम पढ़े-लिखे लोग भय के मारे या कानूनी ज्ञान कम होने के नाते विशिष्ट व्यक्ति को व्यक्तिगत पत्र लिखने से घबराते हैं या नजर-अंदाज करते हैं।

अगर यह बात न हो तो कोई भी आम आदमी किसी उच्च पदाधिकारी या मंत्री को भी निजी/व्यक्तिगत पत्र लिख सकता है।

व्यक्तिगत पत्र का आकार छोटा या बड़ा हो सकता है। व्यक्तिगत पत्र आम आदमी के जीवन की एक आवश्यकता है। शुभकामना, बधाई या संवेदना-पत्र देने का यदि कोई अवसर आया हो तो वैसी दशा में व्यक्तिगत पत्र अत्यंत महत्त्वपूर्ण होता है।

प्रतिदिन ऐसे पत्रों की संख्या संभवत: सर्वाधिक होती है। व्यक्तिगत पत्र को पारिवारिक या सामाजिक पत्र भी कहा जा सकता है।

व्यक्तिगत पत्रों के नमूने

पिता को पत्र

पांडव नगर
कानपुर
15 मार्च, 2013

पूज्यवर पिताजी,

सादर चरण स्पर्श।

आपका पत्र प्राप्त हुआ। पत्रोत्तर में थोड़ा विलंब होने के लिए क्षमा चाहता हूँ।

विशेष यह कि मैं मन लगाकर पढ़ रहा हूँ। पीछे जो परीक्षा दी थी उससे इस बार अधिक अंक आए हैं। आपको मेरी इस प्रगति से

खुशी होगी। मैं अपने अंक पत्र की छायाप्रति भेज रहा हूँ। आप इतना विश्वास रखें कि आपका पुत्र आपके आदर्शों के अनुरूप कार्य करता है, इसीलिए आपकी इच्छा की पूर्ति अवश्य होगी।

मॉँ को प्रणाम तथा मनोहर और पुष्पा को मेरा प्यार।

आपका आज्ञाकारी पुत्र

क ख ग

माता को पत्र

डी-11, कंकड़बाग,

पटना

5 मई, 2013

पूजनीया माताजी,

सादर प्रणाम।

मैं यहाँ कुशलपूर्वक हूँ और तुम्हारी कुशलता और स्वस्थ जीवन की कामना ईश्वर से सदैव करता रहता हूँ। विशेष यह कि तुम्हारा भेजा हुआ सामान मनोज के हाथों प्राप्त हुआ। मुझे नाश्ते की शख्त जरूरत थी, जिसे तुमने भेजकर पूरा कर दिया। रोज सुबह-शाम यह समस्या बनी हुई थी। मैं परीक्षा समाप्त होते ही घर आ जाऊँगा और तुम्हारे विंध्याचल जाने के कार्यक्रम में तुम्हारे साथ रहूँगा।

तुम सबसे अधिक अपने स्वास्थ्य पर ध्यान देना। तुम जितने दिनों तक हम लोगों के बीच रहोगी, हम लोगों का दिशानिर्देश करती रहोगी। पिताजी का जीवन अब तुम्हारे जीवन के साथ है। वे अकसर तुम्हारे विषय में पत्र द्वारा बताते रहते हैं।

घर आने पर शेष बातें होंगी। मुकेश और मुन्नी को प्यार।

तुम्हारा प्यारा पुत्र

क ख ग

मित्र को पत्र

मोहन गार्डन,
नई दिल्ली
11 जून, 2013

प्रिय मित्र राहुल,

नमस्ते!

तुम्हें यह जानकर हार्दिक प्रसन्नता होगी कि ईश्वर की असीम कृपा से मेरे अग्रज श्री सुरेंद्र कुमार का शुभ विवाह देहरादून निवासी श्री सुनील कुमार की पुत्री अनामिका से दिनांक 25 जुलाई, 2013 को होना निश्चित हुआ है। बारात 25 जुलाई को प्रातः 10 बजे देहरादून के लिए प्रस्थान होगी। इस अवसर पर मैं तुम्हें सप्रेम आमंत्रित करते हुए यह आशा करता हूँ कि तुम अपनी उपस्थिति से इस विवाह समारोह की शोभा बढ़ाओगे।

विश्वास है तुम निराश नहीं करोगे। शेष मिलने पर।

तुम्हारा मित्र
क ख ग

धन्यवाद पत्र
जन्म-दिवस पर उपहार के लिए

मोहन गार्डन,
नई दिल्ली
6/03/2013

प्रिय मित्र सुरेश,

नमस्ते!

कल तुम्हारा भेजा गया एक पार्सल मिला। खोलकर देखा तो उसमें एक सुंदर घड़ी थी। यह घड़ी तुमने मेरे जन्म-दिन के अवसर पर भेजी है। घड़ी बहुत आकर्षक है। मैंने अपने अन्य मित्रों को

दिखाई तो प्राय: मित्र ललचा गए। मैं तुम्हें इस सुंदर उपहार के लिए धन्यवाद देता हूँ।

मित्र, मेरी सलाह यह है कि अपने स्वास्थ्य के प्रति सचेत रहना, क्योंकि परीक्षा का समय है। परीक्षा के बाद तुमसे अवश्य मिलूँगा, तब ढेर सारी बातें करेंगे और ग्रीष्मावकाश की योजना भी बनाएँगे।

इतने सुंदर तथा आकर्षक उपहार के लिए एक बार पुन: धन्यवाद।

तुम्हारा अभिन्न मित्र
अ. ब. स.

संवेदना-पत्र या सांत्वना पत्र

मित्र के पिता/माता की आकस्मिक मृत्यु पर

उत्तम नगर,
नई दिल्ली
06/02/2013

प्रिय मित्र राजीव,

सप्रेम नमस्ते!

आज कपिल द्वारा तुम्हारे पिताजी के आकस्मिक निधन का समाचार जानकर दु:ख के सागर में डूब गया। एक सप्ताह पूर्व जिस व्यक्ति से मेरी आमने-सामने भेंट हुई थी—वह आज नहीं रहा, यह समाचार किसके हृदय को विदीर्ण नहीं करेगा। लेकिन ईश्वर की इच्छा के सामने न किसी की चली है, न चलेगी। यह तुम्हारे धैर्य और साहस की परीक्षा की घड़ी है।

मेरी उस परम पिता परमेश्वर से प्रार्थना है कि वह दिवंगत आत्मा को शांति प्रदान करे, अपने चरणों में स्थान दे और शोक संतप्त परिवार को दु:ख सहने का धैर्य और साहस दे।

मित्र! संकट की इस घड़ी में हम सभी तुम्हारे साथ हैं। यदि मेरे योग्य कोई सेवा हो तो निःसंकोच बताना।

तुम्हारा अभिन्न मित्र

अ. ब. स.

बधाई-पत्र

वाद-विवाद प्रतियोगिता में प्रथम आने पर मित्र को पत्र

करोल बाग,

नई दिल्ली

05/05/2013

प्रिय मित्र राजेश,

नमस्ते!

अभी-अभी मुझे पिताजी का पत्र मिला है। इस पत्र में घर के समाचारों के अलावा एक अन्य महत्त्वपूर्ण समाचार यह है कि तुमने अंतरविद्यालय वाद-विवाद प्रतियोगिता में प्रथम स्थान प्राप्त किया है। इस अवसर पर मेरी हार्दिक बधाई स्वीकार करो। तुम्हें पता नहीं है कि मुझे यह समाचार जानकर कितनी प्रसन्नता हुई है। मैंने अपने अन्य मित्रों से भी इस बात का जिक्र किया है। वे सभी अत्यंत प्रसन्न हैं।

मुझे विश्वास है कि भविष्य में भी तुम ऐसी ही सफलताएँ प्राप्त करते रहोगे।

एक बार पुनः बधाई। मेरी ओर से माताजी और पिताजी को चरण-स्पर्श।

तुम्हारा मित्र

क ख ग

निमंत्रण/आमंत्रण-पत्र

गृह-प्रवेश के उपलक्ष्य में

विकासपुरी,
नई दिल्ली
04/05/2013

प्रिय महोदय,

आपको यह जानकर प्रसन्नता होगी कि दिनांक 12/05/2013 को हम अपने नए घर में प्रवेश कर रहे हैं। आपसे अनुरोध है कि इस शुभ अवसर पर कार्यक्रमानुसार अपने दर्शन देकर हमें कृतार्थ करें।

कार्यक्रम

12.05.2013 हवन
प्रात: 8 बजे
12.05.2013 प्रीतिभोज
दोपहर 1 बजे

दर्शनाभिलाषी
रामरतन दास

स्मरणीय

- ज्ञातव्य है कि व्यक्तिगत तमाम पत्र अनौपचारिक पत्र भी कहलाते हैं।
- पिता/माता/मित्र/सहेली इत्यादि को लिखे जानेवाले तमाम पत्र अनौपचारिक पत्रों की श्रेणी में आते हैं।
- व्यक्तिगत पत्रों में सुख-दु:ख का ब्योरा और विवरण होता है। ये पत्र अपने परिवार के लोगों, मित्रों और निकट संबंधियों को लिखे जाते हैं।
- अनौपचारिक पत्राचार उनके साथ किया जाता है, जिनसे

हमारा व्यक्तिगत संबंध होता है। इसे व्यक्तिगत पत्राचार भी कहा जाता है।

सामाजिक पत्र-लेखन की शैली

सामाजिक पत्र-लेखन की शैली व्यक्तिगत पत्रों से भिन्न होती है। इस प्रकार का पत्र कई लोगों के लिए एक साथ छपता है, इसलिए उसकी शब्दावली पृथक होती है। यदि किसी संस्था की ओर से निमंत्रण-पत्र होता है तो पत्र के ऊपर संस्था का नाम तथा चिह्न होता है। तत्पश्चात् बाईं ओर मान्यवर, बंधुओ, आदि शब्दों के साथ पत्र का मुख्य विषय क्रमबद्ध ढंग से आता है। इसमें मुख्य कार्यक्रम अथवा विशेष आकर्षण के बिंदुओं को मोटे अक्षरों में छापा जाता है। नीचे संस्था अथवा परिवार के मुखिया का नाम होता है। घरेलू उत्सवों में 'मान्यवर' आदि संबोधन से ही पत्र शुरू होता है।

नमूना

सेवा में,

श्री/श्रीमती···

मान्यवर,

मेरे सुपुत्र अभिन्न एवं विविधा (सुपुत्री श्री राम प्रकाश शर्मा, बड़ी एघु बेगूसराय) के शुभ विवाह पर आयोजित प्रीतिभोज में आप 3 अक्तूबर, 2013, बुधवार, दोपहर 12:30 बजे मेरे निवास स्थान (11/600 गांधी नगर, शोकहरा 1, बेगूसराय) पर सादर-सप्रेम आमंत्रित हैं।

विनीत

रामधनी शर्मा

रजनी देवी

स्मरणीय

- सामाजिक पत्र औपचारिक पत्र की श्रेणी में आता है।
  निमंत्रण-पत्र (विवाह पर)
  निमंत्रण-पत्र (समारोह पर)

ऊपर दिया यह पत्र अगर एक ही व्यक्ति के लिए है तो व्यक्तिगत पत्र है, लेकिन यदि समूह को मुद्रित करवाकर भेजा जा रहा है तो यह पत्र औपचारिक पत्र कहलाएगा।

अनौपचारिक पत्रों के अन्य नमूने

बड़े भाई को पत्र (उनके द्वारा दी गई सीख पर अनुसरण का आश्वासन)

डायमंड छात्रावास,
सिवान
09.05.2013

आदरणीय भाई साहब,

सादर प्रणाम।

आज आपका पत्र मिला। आपने मुझे बुरी संगति से बचने की सलाह दी है। मैंने पत्र पाने के बाद बुरी संगति से बचने की प्रतिज्ञा कर ली है।

मैंने दृढ़ निश्चय कर लिया है कि दिन-रात लगन के साथ पढ़ाई कर बोर्ड की परीक्षा में प्रथम आकर दिखाऊँगा। आशा करता हूँ कि आपका आशीर्वाद भी मेरे परिश्रम को अवश्य ही सफल बनाएगा।

माता-पिताजी को चरण स्पर्श करने के साथ ही मेरी ओर से विश्वास दिलाना है कि मैं परिश्रम के सही मार्ग पर चल रहा हूँ।

विदुषी और नयन को असीम प्यार।

आपका अनुज
क.ख.ग.

छोटी बहन को अत्यधिक टी.वी. न देखने की सलाह के लिए एक पत्र

केंद्रीय बाल विद्यालय,
पटना
09.05.2013

प्रिय रजनी,

शुभाशीष।

आज माताजी का पत्र मिला मुझे ज्ञात हुआ कि दिसंबर की परीक्षा में तुम्हारे अंक अच्छे नहीं आए, दूसरी ओर तुम टी.वी. की अत्यधिक शौकीन होती जा रही हो।

प्रिय बहन! इस आयु में पढ़ाई ही तुम्हारा लक्ष्य होना चाहिए, इसीलिए दिन में थोड़े समय के लिए टी.वी. के कार्यक्रम देखो, लेकिन बाकी समय अध्ययन और घर के कामों में लगाओ, यही तुम्हारे लिए लाभकारी होगा।

तुम्हारी बड़ी बहन
लतिका

छोटे भाई को पत्र : मन लगाकर पढ़ने के लिए

305/2-एल सेक्टर, कानपुर
1 फरवरी, 2013

प्रिय सूरज,

शुभाशीष।

प्रात:काल ही मुझे माताजी का पत्र प्राप्त हुआ है, मुझे यह पढ़कर अत्यंत दु:ख हुआ कि तुम पढ़ाई-लिखाई छोड़कर अपने मित्रों

के साथ गप्पे लगाने और इधर-उधर घूमने में समय व्यर्थ करते हो। यह बहुत ही शर्मिंदगी की बात है।

तुम्हें पता ही है कि परीक्षाएँ नजदीक हैं, केवल कुछ ही महीने शेष रह गए हैं, यदि इस समय भी पढ़ाई की ओर तुमने विशेष ध्यान न दिया, तो तुम परीक्षा में फेल हो जाओगे। फेल होने का नतीजा यह निकलेगा कि पिताजी तुम्हें आगे नहीं पढ़ाएँगे, तब तुम्हारा भविष्य अँधेरी खाइयों के समान अंधकारमय हो जाएगा। अशिक्षित रह जाने के कारण तुम्हें रुचि के अनुरूप काम नहीं मिल सकेगा। जिस कारण तुम पर्याप्त आजीविका नहीं कमा सकोगे। सुविधा अथवा शांति के लिए दर-दर की ठोकरें खाओगे। आज के ये मित्र कल तुम्हारे दुश्मन बन जाएँगे। अपनी गली में रहनेवाले आवारा लड़कों का हाल तुम देख ही रहे हो।

अतः मैं तुमसे यही कहूँगा कि गुजरा हुआ वक्त वापस नहीं आता, इसलिए गप्पे या आवारागर्दी तो परीक्षा के बाद भी हो सकती है, किंतु परीक्षा एक साल के बाद आएगी, इसलिए इस समय खूब मन लगाकर पढ़ाई करो और परीक्षा में सफल होकर दिखाओ।

माताजी और पिताजी की चरण वंदना।

तुम्हारा भाई

क.ख.ग.

अपने बड़े भाई को एक स्टडी टेबल खरीदने के लिए रुपए भेजने का निवेदन करते हुए पत्र लिखिए

... ... परीक्षा केंद्र

... ... नगर।

... ... दिनांक

आदरणीय भाई साहब,

सादर नमस्कार।

मैं यहाँ पर कुशलमंगल हूँ। आशा है, आप सब भी वहाँ पर

कुशलमंगल होंगे। मेरी परीक्षाएँ नजदीक आ रही हैं। पिछले कुछ दिनों से मैं स्टडी टेबल की कमी महसूस कर रहा हूँ। अतः मुझे अध्ययन करने के लिए स्टडी टेबल की आवश्यकता है, जिसमें मैं अध्ययन की सभी वस्तुओं को व्यवस्थित ढंग से रख सकूँ। बिना स्टडी टेबल के मैं भली-भाँति अध्ययन नहीं कर पाता, अतः मैं एक स्टडी टेबल खरीदना चाहता हूँ। मेरे पास 200 रुपए जमा हैं। आपसे निवेदन है कि 550 रुपए और भेज दें, ताकि उत्तम किस्म की स्टडी टेबल खरीद सकूँ।

शेष सब कुशलमंगल है, आप सबकी कुशल कामना के लिए मैं ईश्वर से प्रार्थना करता हूँ। पढ़ाई-लिखाई ठीक प्रकार से चल रही है। ईश्वर की कृपा और आपका प्यार रहा तो विद्यालय में अच्छे अंक प्राप्त कर दिखाऊँगा।

आपका

अ.ब.स.

पिता को ग्राम-सुधार व समाज-कार्य की सूचना के लिए पत्र

525 डब्ल्यू.इ.ए. पब्लिक स्कूल,

मेरठ

20 फरवरी, 2013

पूजनीय पिताजी,

सादर चरण स्पर्श।

जैसा कि आपको पता है, मेरी परीक्षाएँ नजदीक आ रही हैं, मैं अच्छे अंक प्राप्त करने की अच्छी तरह से तैयारी कर रहा हूँ। यह पत्र मैं आपको यह बताने के लिए लिख रहा हूँ कि परीक्षा समाप्त हो जाने पर मैं सारा समय ग्राम-सुधार के कार्य में लगाना चाहता हूँ। आगे की कार्य-विधि मैं नीचे लिख रहा हूँ।

मैं अरविंद तायल के भूदान यज्ञ में सारा समय लगाऊँगा। मैं

इस आंदोलन को सफल बनाने के लिए पदयात्रा करूँगा। यह क्रांतिकारी आंदोलन है। इसका मुख्य उद्‌देश्य भूमि के वितरण की समस्या को हल करना है।

मैं भूमिहीन कृषक-श्रमिकों को भूमि दिलाने और उनको आर्थिक सहायता पहुँचाने में मदद करूँगा। इस प्रकार मैं श्रमदान एवं संपत्तिदान आदि में समय लगाऊँगा।

आर्थिक सुधार के लिए सरकारी समिति और सहकारी बैंक आदि की स्थापना कराना भी मेरी योजना में शामिल है।

आशा है, आप मुझे उपयुक्त कार्यक्रमों में शामिल होने की आज्ञा देंगे। मेरी ओर से बड़ों को नमस्कार और छोटों को प्यार।

आपका आज्ञाकारी पुत्र

अ.ब.स.

निकटतम संबंधी से प्राप्त वैवाहिक निमंत्रण-पत्र के उत्तर में एक पत्र

फिरोजाबाद

15.07.2013

आदरणीय भाई मुकेशजी,

सप्रेम नमस्कार।

चिरंजीवी अभिनव कुमार के शुभविवाह का निमंत्रण-पत्र मुझे आज ही मिला है। इस मांगलिक अवसर पर हमारी ओर से हार्दिक शुभकामनाएँ स्वीकार करें।

इस शुभ अवसर पर हम सपरिवार उपस्थित होकर इस पाणिग्रहण के माध्यम से वर-वधू के गृहस्थाश्रम में प्रवेश के साक्षी अवश्य बनेंगे। हमारे योग्य कोई कार्य हो तो निःसंकोच बताएँ। हमारे यहाँ से कुछ मँगाना हो तो सूचित करें। मोनी और छोटी को प्यार।

आपका

रामनिवास

स्वावलंबन की प्रेरणा देते हुए मित्र को पत्र

राजकीय विद्यालय,
पटना
25.04.2013

प्रिय मित्र पप्पू,

सप्रेम नमस्ते।

तुम्हारे पत्र से ज्ञात हुआ कि तुम्हारे पिताजी तुम्हें पढ़ाने में असमर्थ हैं। आजकल की महँगाई में पढ़ाई का खर्च उठाने की क्षमता उनमें नहीं रही।

देखो, आखिर एक-न-एक दिन तुम्हें अपने पैरों पर ही खड़ा होना पड़ेगा, इसीलिए मैं समझता हूँ कि तुम्हें अभी से ही इसके लिए तैयार रहना चाहिए।

स्वावलंबी का जीवन सुखमय होता है। स्वावलंबी व्यक्ति को कभी दूसरों के सामने हाथ फैलाने की जरूरत नहीं पड़ती। परावलंबी में इतनी कमजोरी आ जाती है कि वह किसी की सहायता से किसी भी कार्य को पूरा करने में अपने को पूर्णतया असमर्थ पाता है।

मैं समझता हूँ कि इस दिशा में प्रयत्नशील होने के लिए तुम्हें उचित अवसर मिला है।

शेष कुशल है। माताजी को प्रणाम और गीता को प्यार।

तुम्हारा अभिन्न मित्र
क.ख.ग.

किसी दुर्घटना का वर्णन करते हुए मित्र को पत्र

मधु-निवास,
कदमकुआँ,
पटना
09.05.2013

प्रिय वैभव,

मधुर स्मृति।

आज तुम्हें यह पत्र लिखते समय मैं भयभीत था, क्योंकि मेरा मन कल की बस-दुर्घटना से हटा नहीं है। सारी रात मैं जगा रहा। नींद नहीं आई। सामने बस-दुर्घटना का दृश्य आ जाता था।

यह घटना मेरे नैनीताल से वापसी की है। बस अनियंत्रित हो गई। ड्राइवर ने समझदारी से कार्य किया और बस को एक चट्टान से टकराकर खाई में पलटने से बचा लिया। कुछ यात्री बुरी तरह से घायल हुए। ड्राइवर कूद तो गया, लेकिन चट्टान से टकराने के कारण उसे सिर में काफी चोट आई। एक यात्री समय से पहले हताश हो गया और खिड़की से कूदने के उपक्रम में उसी बस से कुचल गया। उसकी मौत हो गई और कुछ लोग घायल हुए।

तुमसे प्रार्थना है कि इस दुर्घटना की चर्चा घर पर मत करना। मेरी तरफ से माताजी को कुशलता का संदेश देना।

तुम्हारा मित्र
क.ख.ग.

जन्मदिन की बधाई के लिए मित्र को पत्र

स्टेशन रोड,
पटना
15.01.2013

प्रिय सुनील,

नमस्कार।

जन्मदिन के शुभ अवसर तुम्हारा नियंत्रण-पत्र मिला। मुझे याद है, तुम्हारा जन्मदिन 21 जनवरी को है। ईश्वर से प्रार्थना है कि वे तुम्हें सौ वर्ष की आयु प्रदान करें।

आशा है तुम्हारे जन्मदिन पर तुम्हें नए कपड़े, स्वादिष्ट मिठाइयाँ, मित्रों के उपहार तथा बड़ों के आशीष, सबकुछ प्राप्त होंगे।

उस दिन परीक्षा के कारण मैं तुम्हारे जन्मदिन पर नहीं आ सकूँगा। अगले दिन मिलकर अपने हिस्से की मिठाइयाँ खा लूँगा।

शेष शुभ है। माताजी-पिताजी दोनों को मेरी ओर से प्रणाम कहना।

तुम्हारा मित्र
क.ख.ग.

विद्यालय के वार्षिकोत्सव पर अपने मित्र को पत्र

बेली रोड,
पटना
21/01/2013

प्रिय राजीव,

नमस्कार।

तुम्हें सूचित करते हुए मुझे हर्ष हो रहा है कि अगले रविवार को हमारे विद्यालय का वार्षिकोत्सव आयोजित होने जा रहा है। इस बार मुझे परीक्षा में अच्छे अंक प्राप्त करने पर पुरस्कार मिलने जा रहा है।

मेरी इच्छा है कि इस खुशी के अवसर पर तुम भी शामिल होते तो बहुत अच्छा होता। इससे मेरी खुशी और बढ़ जाती। इसीलिए तुम्हें रविवार को प्रातः पटना आने का निमंत्रण देता हूँ। अवश्य आना।

बड़ी बहन और माताजी को चरण-स्पर्श।

तुम्हारा मित्र

अ.ब.स.

□

6

औपचारिक पत्र : आवेदन-पत्र

प्राचार्य के नाम पत्रों का प्रारूप

1. प्राचार्य तथा विद्यालय/महाविद्यालय का नाम
2. विषय का उल्लेख
3. आदरसूचक संबोधन
4. मुख्य बात
5. स्वनिर्देश
6. दिनांक।

उदाहरण

सेवा में,

प्राचार्य

क. ख. ग. विद्यालय

च. छ. ज. नगर

विषय

संबोधन

सविनय निवेदन है कि...

अतः कृपया

आपका आज्ञाकारी

अ. ब. स.

दिनांक...

नमूने

प्रधानाध्यापक को दो दिनों की छुट्टी के लिए आवेदन-पत्र

सेवा में,

श्रीमान प्रधानाध्यापक/प्राचार्य महोदय

क. ख. ग. स्कूल

अ. ब. स. नगर।

विषय : दो दिनों के अवकाश के लिए प्रार्थना-पत्र।

महोदय,

विनम्र निवेदन है कि कल सहसा मेरा स्वास्थ्य बिगड़ गया। स्कूल से धूप में लौटने के कारण जोर से सिरदर्द हुआ, फिर बुखार भी आ गया। मुझे शारीरिक कमजोरी महसूस हो रही है। मैं स्कूल आने की स्थिति में नहीं हूँ, क्योंकि डॉक्टर ने पूर्ण विश्राम का परामर्श दिया है।

कृपा कर मुझे आज और कल के लिए अवकाश प्रदान कर अनुगृहीत करें।

आपका आज्ञाकारी शिष्य

क ख ग

वर्ग... ...

क्रमांक... ...

4.4.2013

प्रधानाध्यापक को 15 दिनों के अवकाश के लिए प्रार्थना-पत्र

सेवा में,

श्रीमान प्रधानाध्यापक महोदय

··· ···विद्यालय

··· ···नगर।

विषय : 15 दिनों के अवकाश के लिए प्रार्थना-पत्र।

महोदय,

सविनय निवेदन है कि हमारा पूरा परिवार 15 दिनों के लिए गोवा जा रहा है। अत: आपसे निवेदन है कि मुझे 20 जनवरी, 2013 से 4 फरवरी, 2013 तक का अवकाश प्रदान कर कृतार्थ करें, जिससे मैं सपरिवार गोवा-भ्रमण का आनंद उठा सकूँ।

आपका आज्ञाकारी शिष्य

क ख ग

कक्षा··· ···

क्रमांक··· ···

दिनांक··· ···

जुर्माना माफ करने के लिए प्रधानाचार्य को आवेदन-पत्र

सेवा में,

प्रधानाचार्य महोदय

क ख ग माध्यमिक विद्यालय

पटना।

विषय : जुर्माना माफ कराने के लिए प्रार्थना-पत्र।

महोदय,

सविनय निवेदन है कि मैं दिसंबर की परीक्षा में नकल करते पकड़ा गया था। अंग्रेजी के अध्यापक ने मुझ पर 100 रुपए जुर्माना कर दिया।

मैं अपने बुरे कर्म से स्वयं लज्जित हूँ। अतः आपसे अनुरोध है कि मेरा जुर्माना माफ करने की कृपा करें। मैं आपका सदा आभारी रहूँगा।

आपका आज्ञाकारी शिष्य

अ ब स

कक्षा··· ···

सेक्शन··· ···

क्रमांक··· ···

4.4.2013

□

1

व्यावसायिक पत्र

किसी भी व्यवसाय से संबंधित व्यक्ति को पत्र लिखना व्यावसायिक पत्र के अंतर्गत आता है।

व्यावसायिक पत्र लिखने की शैली

व्यावसायिक, व्यापारिक या संस्थागत पत्र लिखने की शैली इस प्रकार है—

1. भेजनेवाले का नाम व पता
2. दिनांक
3. पत्र पानेवाले का पद, नाम व पता
4. संबोधन
5. विषय का उल्लेख
6. धन्यवाद
7. स्वनिर्देश।

उदाहरण

प्रेषक :

क ख ग

कचहरी चौक, बेगूसराय (बिहार)

प्रेषिती :

मोहन वस्त्र भंडार

54, चाँदनी चौक, दिल्ली

25.4.2013

सेवा में,

प्रबंधक,

मोहन वस्त्र भंडार,

54, चाँदनी चौक, दिल्ली।

महोदय,

गत माह सौ मीटर मलमल का कपड़ा भेजने के लिए आपको पत्र लिखा था, आपने कपड़ा अभी तक नहीं भेजा है, कृपया जल्दी भिजवाने की व्यवस्था करें।

धन्यवाद सहित,

भवदीय

क ख ग

कचहरी चौक, बेगूसराय (बिहार)

खाता खोलने के लिए बैंक मैनेजर के नाम पत्र

सेवा में,

प्रबंधक

पंजाब नेशनल बैंक,

ट्रैफिक चौक, बेगूसराय

(बिहार)

विषय : बैंक में नया खाता खोलना।

महोदय,

विनम्र निवेदन है कि मैं उक्त बैंक में अपने नाम से एक बचत खाता खोलना चाहता हूँ।

कृपया अनुमति प्रदान करते हुए विषय में उचित जानकारी देने का कष्ट करें।

सधन्यवाद

भवदीय/विश्वासी

क ख ग

... ... पता

दिनांक... ...

पुस्तकें मँगाने के लिए प्रकाशक के नाम पत्र

प्रेषक :

विजय पुस्तक भंडार
टेढ़ीनाथ मंदिर चौक, बेगूसराय
6.6.2013

प्रेषिती :

सेवा में,

मैनेजर
नवभारत प्रकाशन केंद्र, मेरठ

विषय : पुस्तकों की खरीद संबंधी।

महोदय,

कृपया निम्नलिखित पुस्तकें उचित कमीशन काटकर वी.पी.पी. द्वारा शीघ्रातिशीघ्र भेजने का कष्ट करें। सौ रुपए मनीआर्डर द्वारा अग्रिम भेज रहा हूँ। पुस्तकें नवीन संस्करण की होनी चाहिए। कटी-फटी तथा जिल्दरहित होने पर पुस्तकें लौटा दी जाएँगी। जिसके व्यय-भार का उत्तरदायित्व आपका होगा।

क्र.सं.	*पुस्तक का नाम*	*लेखक*	*प्रतियाँ*
1.	सत्यार्थ प्रकाश	महर्षि दयानंद	5
2.	रामचरितमानस	तुलसीदास	5
3.	साकेत	मैथिलीशरण गुप्त	10
4.	बालकों की बातें	ओम प्रकाश त्यागी	4
5.	कामायनी	जयशंकर प्रसाद	6
6.	नवयुग हिंदी व्याकरण	डॉ. अशोक बत्रा	10
7.	गोल्डन हिंदी	डॉ. अशोक बत्रा	5

भवदीय
प्रबंधक
विजय पुस्तक भंडार
बेगूसराय (बिहार)

पुस्तक प्राप्ति के बाद पुस्तक विक्रेता को धन्यवाद पत्र

सेवा में,

व्यवस्थापक

नवभारत प्रकाशन केंद्र, मेरठ

महोदय,

आपके द्वारा वी.पी.पी. पार्सल से भेजी गई पुस्तकें प्राप्त हो गई हैं। सभी पुस्तकें नवीन संस्करण की और अच्छी दशा में हैं। पुस्तक अविलंब भेजने के लिए आपका धन्यवाद।

भवदीय

क ख ग

विजय पुस्तक भंडार

बेगूसराय (बिहार)

काव्य-संध्या के लिए निमंत्रण-पत्र

सेंट जेवियर्स स्कूल,

पटना (बिहार)

महोदय,

सादर अभिवादन।

अंतरराष्ट्रीय विकलांग वर्ष के उपलक्ष्य में सुप्रसिद्ध कवि श्री गोपाल प्रसाद व्यासजी के सभापतित्व में 5 दिसंबर, 2013 को एक काव्य-संध्या का आयोजन किया जाएगा। सभी स्थानीय कवि एवं कवयित्रियों ने इस कार्यक्रम में पधारने की स्वीकृति दी है।

आशा है आप भी मित्रवर्ग के साथ उपस्थित होकर अपनी कविताओं द्वारा श्रोताओं का मनोरंजन व ज्ञानवर्द्धन करेंगे।

विनीत :

विपुल सिंह	अजय पोद्दार	वैशाली अग्रवाल
अध्यक्ष	परामर्शदाता	मंत्री

बैंक-प्रबंधक के नाम पत्र

बेली रोड,
पटना
4.6.2013

सेवा में,
महाप्रबंधक
भारतीय स्टेट बैंक, पटना।

प्रिय महोदय,

निवेदन है कि मेरे पिता का ट्रांसफर हो जाने के कारण मुझे भी अपने परिवार के साथ राजस्थान जाना पड़ रहा है। अत: मेरा बचत खाता संख्या 0119730089 जयपुर (राजस्थान) स्थित बैंक की स्थानीय शाखा में स्थानांतरित कर दिया जाए। इससे मुझे अत्यधिक सुविधा होगी।

धन्यवाद,

भवदीय
आर.के. भटनागर

विद्यालय में प्रवेश हेतु आवेदन का प्रारूप

सेवा में,
प्रधानाचार्य/प्रधानाचार्या
... ...
... ...

महोदय,

मैं उक्त विद्यालय में प्रवेश लेना चाहता हूँ। मेरा आत्मवृत्त अन्य विवरण तथा शैक्षणिक योग्यताएँ निम्नलिखित हैं। आशा है, आप मुझे उक्त विद्यालय में प्रवेश देने की कृपा करेंगे।

नाम (बड़े अक्षरों में) … …

पिता का नाम (बड़े अक्षरों में) … …

जन्मतिथि (शब्दों में) … …

पत्र-व्यवहार का पता (दूरभाष आदि हो तो) … …

स्थायी पता … …

पिता की मासिक आय … …

कक्षा, जिसमें प्रवेश चाहिए … …

विषय (विज्ञान/वाणिज्य/कला) … …

इस प्रवेश के लिए जो परीक्षा उत्तीर्ण की है … …

उक्त परीक्षा उत्तीर्ण करने की संस्था/बोर्ड… …अनुक्रमांक… …

वर्ष… …प्राप्तांक प्रतिशत… … श्रेणी… …

पाठ्येतर गतिविधियाँ/रुचियाँ … …

क्या आपने कोई छात्रवृत्ति प्राप्त की है? (नाम दें)… …

आप कहाँ रहेंगे—छात्रावास/माता-पिता के पास … …

दिनांक … …

पिता/अभिभावक के हस्ताक्षर … …

मैं प्रमाणित करता हूँ कि मेरे द्वारा इस प्रपत्र में भरी गई सभी प्रविष्टियाँ सही हैं।

आवेदक के पूरे हस्ताक्षर

संलग्न पत्र

(1) … … … … …

(2) … … … … …

पत्र-शैली में क्लर्क पद के लिए आवेदन-पत्र

सेवा में,

मैनेजर

एक्सेल कंप्यूटर लि.,

पटना

श्रीमान,

मुझे दिनांक 14 अगस्त, 2013 के दैनिक समाचार-पत्र 'अमर उजाला' के माध्यम से ज्ञात हुआ है कि आपको अपने कार्यालय के लिए एक क्लर्क की आवश्यकता है। मैं उस पद के लिए आपकी सेवा में यह आवेदन-पत्र भेज रहा हूँ।

शैक्षणिक योग्यता—मैंने गत वर्ष बिहार बोर्ड से इंटर की परीक्षा विज्ञान विषय के साथ प्रथम श्रेणी में उतीर्ण की है। मैंने 500 में 375 अंक प्राप्त किए हैं।

लिपिकीय योग्यता—मैंने हिंदी व अंग्रेजी टंकण तथा आशुलिपि में डिप्लोमा प्राप्त किया है।

अनुभव—पिछले चार महीनों से मैं एक स्थानीय कंपनी में टाइपिस्ट क्लर्क के पद पर कार्यरत हूँ। मेरे साथी और कंपनी के मालिक दोनों ही मेरे स्वभाव, कार्य, व्यवहार और आचरण से पूर्ण संतुष्ट हैं।

अन्य विशेषताएँ—मैं विद्यालय में अपनी कक्षा का मॉनीटर था तथा निबंध प्रतियोगिताओं और भाषणों में मैंने पुरस्कार प्राप्त किए हैं।

मेरी इच्छा है कि आपकी संस्था में मुझे कार्य करने को मौका

मिले। मुझे पूर्ण विश्वास है कि मौका मिलने पर मैं इस पद के योग्य साबित हो सकूँगा।

धन्यवाद।

प्रार्थी
नाम··· ···
पता··· ···
दिनांक··· ···

लिपिक पद के लिए आवेदन-पत्र

सेवा में,

सचिव
बैंकिंग सेवा भर्ती बोर्ड,
इलाहाबाद।

विषय : लिपिक-पद के लिए आवेदन-पत्र।

महोदय,

मुझे 28 जून, 2013 के 'हिंदुस्तान टाइम्स' में प्रकाशित विज्ञापन संख्या 545-बी के माध्यम से ज्ञात हुआ है कि बैंकिंग सेवा भर्ती बोर्ड में लिपिक-पद के लिए कर्मचारियों की आवश्यकता है। उक्त रिक्त पद के लिए मैं स्वयं को सेवार्थ प्रस्तुत करता हूँ। मेरा परिचय, विवरण तथा शैक्षणिक योग्यताएँ निम्नलिखित हैं—

नाम—क ख ग

पिता का नाम—अ ब स

पत्र-व्यवहार का पता—1575, पंतनगर, इलाहाबाद

शैक्षणिक योग्यताएँ—

परीक्षा	*प्राप्तांक*	*प्रतिशत*	*उत्तीर्ण होने का वर्ष*	*बोर्ड/वि.वि.*	*विषय*
मैट्रिक	372/600	62%	1995	यू.पी. बोर्ड	हिंदी, अंग्रेजी, संस्कृत, गणित, विज्ञान, सामाजिक विज्ञान
इंटरमीडिएट	337/500	67%	1997	यू.पी. बोर्ड	हिंदी, अंग्रेजी, अर्थशास्त्र, समाजशास्त्र, मनोविज्ञान
बी.ए.	260/400	65%	1999	मेरठ यूनिवर्सिटी	अंग्रेजी, हिंदी, अर्थशास्त्र

विद्यालय एवं विश्वविद्यालय की परीक्षाओं के अतिरिक्त मैंने हिंदी व अंग्रेजी में टंकण-कला में एक वर्षीय डिप्लोमा प्राप्त किया है। कंप्यूटर में भी एक वर्ष का डिप्लोमा प्राप्त किया है। इन दोनों ही

कलाओं में मुझे कुशल योग्यता प्राप्त है। सभी योग्यताओं से संबंधित प्रमाण–पत्र संलग्न हैं।

धन्यवाद!

प्रार्थी

नाम… …

पता… …

तिथि… …

संलग्नक :

… … … … …

… … … … …

… … … … …

… … … … …

… … … … …

सभी प्रमाणपत्रों की फोटो स्टेट कॉपियाँ संलग्न हैं।

□

8

शिकायती पत्र

शिकायती पत्र लिखने की शैली

इन पत्रों में निम्नलिखित अंग होते हैं—

1. शिकायत सुननेवाले अधिकारी का नाम
2. संबोधन
3. मुख्य बात (शिकायत)
4. धन्यवाद
5. स्वनिर्देश।

पत्र का प्रारूप

दिनांक

स्वास्थ्य अधिकारी

पश्चिमी क्षेत्र

नगर-निगम, दिल्ली।

विषय : गंदगी की समस्या।

महोदय,

निवेदन है कि दिल्ली के पश्चिम विहार में विगत कई दिनों से

कूड़े का निपटान न होने के कारण स्थानीय लोगों का बदबू के मारे बुरा हाल है। स्थानीय कार्यालय में इस समस्या के निदान हेतु कई बार संपर्क किया गया, परंतु अब तक कोई काररवाई नहीं हुई।

अतः आपसे अनुरोध है कि शीघ्रातिशीघ्र समस्या को निबटाने का कष्ट करें।

धन्यवाद सहित।

भवदीय

आवेदक के हस्ताक्षर

पता

दिनांक... ...

शिकायती पत्र के नमूने

स्वास्थ्य अधिकारी से बाजार की सफाई के लिए

श्रीमान स्वास्थ्य अधिकारी महोदय,

नगर निगम, बेगूसराय

महोदय,

सविनय निवेदन है कि हीरालाल चौक बाजार में दिन-प्रतिदिन गंदगी बढ़ती जा रही है। जूठे पत्ते, गोबर और कूड़ा-करकट जगह-जगह पड़ा रहता है। नालियों में पन्नियाँ पड़ी रहती हैं, जिससे गंदा पानी जमा रहता है। सफाई कर्मचारियों से कई बार कहा जा चुका है, लेकिन उनके कान पर जूँ तक नही रेंगती हैं।

अतः आपसे प्रार्थना करता हूँ कि शीघ्र ही इस क्षेत्र के सफाई कर्मचारियों को आदेश देकर गंदगी साफ करने का प्रबंध किया जाए।

धन्यवाद।

5.5.2013

प्रार्थी

हीरालाल चौक के नागरिक

परिवहन निगम के अध्यक्ष को बस-सेवा की शिकायत

सेवा में,

अध्यक्ष महोदय
कानपुर परिवहन निगम,
कानपुर-41

मान्यवर,

कुछ दिनों से कानपुर में परिवहन-सेवा अत्यधिक अनियमित हो गई है। संवाहक और चालक की मनमानी और लापरवाही दिन-पर-दिन बढ़ती जा रही है। सभी यात्री विवश और परेशान हैं।

बस-स्टैंड से कानपुर रेलवे स्टेशन के लिए अनेक बसें चलती हैं। 15 नंबर की सेवा का तो भगवान् ही मालिक है। पिछले महीने तक 15 मिनट की सेवा थी, किंतु अब तो आधा-आधा घंटा प्रतीक्षा करनी पड़ती है। गाँव से आनेवाली और शहर से चलनेवाली बसें पूरी तरह भरी रहती हैं, इसीलिए स्टॉप पर रुकती ही नहीं हैं।

अतः आपसे प्रार्थना है कि 15 नंबर की सेवा को नियमित करने की कृपा की जाए तथा संवाहक और चालकों को आदेश दिया जाए कि वे स्टॉप पर ही बस रोका करें।

भवदीय
विवेक कुमार
मेस्टन रोड
कानपुर

पोस्टमास्टर से पोस्टमैन की शिकायत

सेवा में,

श्रीमान पोस्टमास्टर

हेड पोस्ट ऑफिस

बेगूसराय।

महोदय,

दुःख के साथ कहना पड़ता है कि मैं बेगूसराय शहर से बिलकुल निकट रतनपुर में रहता हूँ। स्थानीय डाकिया इस क्षेत्र में नियमित नहीं आता। इतना ही नहीं, वह एक आदमी के पास दो-दो, तीन-तीन आदमी के पत्रों को उनकी जिम्मेदारी पर सौंप देता है। वे लोग अपनी मरजी से दें या न दें। यह सब मजाक जैसा लगता है।

अतः आपसे निवेदन है कि आप इस डाकिए के विरुद्ध अनुशासनात्मक कारारवाई करें, जिससे ग्रामीणों का आक्रोश उनके प्रति कम हो और उन्हें समय पर अपनी डाक प्राप्त हो सके।

भवदीय

रतनपुर गाँव के प्रबुद्ध नागरिक

6.6.2012

किसी अपरिचित को आभार प्रदर्शन का पत्र

आदरणीय मदन मोहन प्रसाद सिंहजी,

सादर नमस्कार।

आपको पत्र लिखकर मैं स्वयं को धन्य मान रहा हूँ कि आज एक ईमानदार व्यक्ति से बात करने का सुअवसर मिला। जबसे मेरी कीमती घड़ी खो गई थी, मेरी दिनचर्या ही अस्त-व्यस्त हो गई थी। मानसिक तनाव बढ़ गया था, क्योंकि वह घड़ी मेरे पिताजी ने मेरे जन्मदिन पर अनमोल तोहफे के रूप में मुझे दी थी।

मैं उस दिन अपने घर से निकला ही था कि आपका छोटा भाई

घड़ी लेकर मेरे पास आया। मुझे स्वप्न जैसा लगा। मैं घड़ी मिलने की खुशी को शब्दों में व्यक्त नहीं कर सकता।

आप जैसे लोगों के बल पर ही आज भी दुनिया में ईमानदारी शेष है, मुझे इस बात का संतोष है। मैं हृदय से मंगलकामना करता हुआ आपके प्रति अपनी कृतज्ञता व्यक्त करता हूँ।

धन्यवाद!

भवदीय

बी.के. शर्मा

□

9

संपादक के नाम पत्र

संपादक के नाम पत्र में निम्नलिखित अंग होते हैं—

1. संपादक, पत्र तथा उसके कार्यालय का नाम
2. संबोधन
3. पत्र में छापने का अनुरोध
4. विषय
5. धन्यवाद
6. स्वनिर्देश
7. दिनांक।

प्रारूप का उदाहरण

सेवा में,

संपादक

क ख ग पत्र

… …नगर

महोदय,

मैं आपके लोकप्रिय हिंदी दैनिक में 'पाठकों के पत्र' स्तंभ में…

आजकल प्रदूषण···

सधन्यवाद!

भवदीय

क ख ग

पता

दिनांक··· ···

वृक्ष के सूखने की समस्या के लिए दैनिक पत्र के संपादक को पत्र

सेवा में,

श्रीमान संपादक महोदय

नवभारत टाइम्स,

नई दिल्ली।

विषय : सूखे हुए वृक्ष।

मान्यवर,

मैं आपके लोकप्रिय दैनिक हिंदी पत्र के माध्यम से वन-विभाग के अधिकारियों का ध्यान इस ओर आकृष्ट करना चाहता हूँ कि वन-महोत्सव और वृक्षों का सूखना विरोधाभास जैसा लगता है।

वन-महोत्सव बीते अभी दस ही दिन हुए हैं। दस दिन पहले सब जगह बड़ा उत्साह था। सड़कों के किनारे हजारों पौधे लगाए गए, पौधों पर जाल खड़े किए गए, जालों को रंगरोगन किया गया। हरियाली की महिमा पर हरे-भरे नारे लिखे गए, हमें लगा कि अब दिल्ली हरी-भरी होकर रहेगी। परंतु यह सपना अभी से टूटने लगा है। कितने ही जाल अपने स्थानों से गायब हैं। बहुत से पौधे मुरझा और सूख गए हैं।

ये सरकारी कर्मचारी तभी जागते हैं जब कोई बड़ा अधिकारी या मंत्री दौरे पर आता है। उसके बाद ये फिर सो जाते हैं।

मेरा वन-विभाग के अधिकारियों से अनुरोध है कि यदि इन

पौधों को लगाया है तो इनकी उचित देखभाल भी करें, वरना इन्हें इनकी जमीन से उखाड़कर इन पर अत्याचार न करें। इन्हें सूखने के लिए छोड़ देना भ्रूण-हत्या के समान है। आशा है अधिकारी मुझ प्रकृति-प्रेमी की बात सुनेंगे और शीघ्र काररवाई करेंगे।

भवदीय

नाम… …

पता… …

दिनांक… …

'वीर अर्जुन' के संपादक को वृक्षारोपण समारोह का विवरण प्रकाशित करने के संबंध में पत्र

प्रतिष्ठा में,

श्रीयुत् संपादक महोदय

दैनिक वीर अर्जुन,

नई दिल्ली।

मान्यवर,

आपको सूचित करते हुए मैं हर्ष का अनुभव कर रहा हूँ कि कल हमारे विद्यालय के प्रांगण में वृक्षारोपण समारोह संपन्न हुआ। आपसे सविनय निवेदन है कि इस समारोह के विवरण को अपने दैनिक समाचार-पत्र 'वीर अर्जुन' में प्रकाशित करने की कृपा करें जो निम्न प्रकार से है—

हमारे विद्यालय लीलावती विद्या मंदिर के वृक्षारोपण समारोह में मुख्य अतिथि मुख्यमंत्री शीला दीक्षित थीं। हमारी प्रधानाचार्या को पेड़-पौधों से बहुत लगाव है तथा पेड़-पौधों के महत्त्व को समझते हुए उन्होंने विद्यालय में वृक्षारोपण समारोह का आयोजन किया। वे विद्यालय के सभी बच्चों में पेड़-पौधों और वृक्षारोपण के प्रति रुचि जागृत करना चाहती हैं।

कल प्रातः 9:00 बजे इस समारोह का शुभारंभ हुआ। मुख्य अतिथि ठीक समय पर पधार गई थीं। मंच पर पहुँचने पर उनका भव्य स्वागत किया गया। कुछ विद्यार्थियों ने वृक्षों के महत्त्व और पर्यावरण के सुधार की आवश्यकता पर प्रकाश डाला। मुख्य अतिथि ने अपने कर-कमलों से विद्यालय के प्रांगण में कुछ पौधे लगाए तथा सभी छात्र-छात्राओं ने शपथ ली कि वे प्रति वर्ष एक पौधा अवश्य लगाएँगे एवं उनकी समुचित देखभाल भी करेंगे।

मुख्य अतिथि ने अपने भाषण में कहा कि हमें इस दिशा में विशेष रूप से जागरूक रहना चाहिए। पेड़-पौधे वर्तमान समय की विशेष आवश्यकता हैं, पेड़-पौधों के लगाने से जनता के स्वास्थ्य में अभूतपूर्व सुधार होगा।

इस अवसर पर विद्यालय के छात्र-छात्राओं ने सांस्कृतिक कार्यक्रम भी प्रस्तुत किए तथा प्रधानाचार्याजी ने मेधावी छात्रों को पुरस्कृत भी किया।

भवदीय
क ख ग
लीलावती विद्या मंदिर,
पुनाई चक, पटना-800004

दिनांक : 20 जुलाई, 2013

नवभारत टाइम्स समाचार-पत्र में प्रकाशनार्थ अपने विचार प्रकट कीजिए

प्रतिष्ठा में,

संपादक महोदय

नवभारत टाइम्स, नई दिल्ली-110002

मान्यवर,

मैं आपके प्रतिष्ठित पत्र 'नवभारत टाइम्स' के माध्यम से चुनाव के दिनों में होनेवाले प्रचार माध्यम (पोस्टर लगाने) से उत्पन्न असुविधा की ओर आपके 'जनमत' कॉलम द्वारा राजनीतिक दलों व प्रशासन का ध्यान आकर्षित करना चाहता हूँ।

चुनाव के दिनों में प्रायः सभी राजनीतिक दल अपने उम्मीदवारों के समर्थन में पोस्टरों को घरों व विद्यालयों की दीवारों, मार्गदर्शक मानचित्रों आदि पर लगा देते हैं, जिनसे जनता को असुविधा होती है। कई बार पोस्टर विद्यालय के नामों की पट्टिका पर लगा देते हैं, जिससे नव आगंतुकों को परेशानी होती है। मार्गदर्शन मानचित्रों पर पोस्टर से यात्रियों को उचित मार्ग खोजने में बाधा उत्पन्न होती है। कई बार नए यात्री घंटों भटकते रहते हैं।

घरों तथा विद्यालयों की दीवारों से पोस्टर हटवाने में काफी व्यय करना पड़ता है। क्या राजनीतिक दलों के नेता कार्यकर्ताओं को घरों व विद्यालयों की दीवारों तथा महत्त्वपूर्ण मार्गदर्शक मानचित्रों पर पोस्टर न लगाने का निर्देश देंगे और प्रशासन पोस्टर लगाने को प्रतिबंधित कर लोगों को असुविधा से बचाएगा?

भवदीय

भूदेव शर्मा

234, मोती नगर,

नई दिल्ली-110015

दिनांक : 28.2.2013 □

10

कार्यालयीय पत्र

यह तो सीधी सी बात है कि कार्यालय की ओर से किसी को दिया गया पत्र 'कार्यालयीय-पत्र' कहलाता है, लेकिन यह भी ज्ञातव्य है कि कार्यालय भी दो प्रकार के होते हैं—एक सरकारी और दूसरा, गैर-सरकारी।

गैर-सरकारी संस्थानों (प्राइवेट कंपनियों इत्यादि) या किसी अन्य संस्थानों की ओर से लिखा गया पत्र भी कार्यालयीय पत्र ही कहलाता है। लेकिन कार्यालयीय-पत्र वस्तुतः सरकारी या अर्द्धसरकारी-पत्र ही होता है। इसे अंग्रेजी में Official Letter और D.O. Letter कहा जाता है।

कार्यालयीय-पत्र औपचारिक होते हैं। उनमें व्यक्तिगत संबंध, सुख-दु:ख, प्रेम-घृणा, खुशी-उदासी आदि भावों को प्रकट करने की कोई गुंजाइश नहीं होती। इन पत्रों को लिखने की विधि निम्नवत् है—

1. पत्र की संख्या
2. कार्यालय/सरकारी विभाग का नाम
3. प्रेषक का नाम तथा पदनाम
4. प्रेषिती/प्राप्तकर्ता का नाम तथा पदनाम

5. दिनांक
6. विषय का उल्लेख
7. संबोधन
8. पत्र का कलेवर
9. स्वनिर्देश
10. प्रेषक के हस्ताक्षर तथा पदनाम
11. पत्र में संलग्न प्रपत्रों का उल्लेख
12. प्रतिलिपि प्रेषितियों के नाम।

कार्यालयीय-पत्रों में पत्र का कलेवर प्रायः निम्नवत् भाषा में लिखा जाता है—

मुझे यह कहने का निर्देश/आदेश हुआ है कि··· ···आपके पत्र क्र. ··· ···के उत्तर में यह स्पष्ट किया जाता है कि ··· ··· आदि। संबोधन के स्थान पर 'महोदय' या 'प्रिय महोदय' शब्द का प्रयोग किया जाता है।

नीचे एक सरकारी पत्र का प्रारूप दिया गया है—

संख्या-गृह/24/4/1574/201
उत्तर प्रदेश सरकार
गृह मंत्रालय

प्रेषक :

... ...
... ...

प्रेषिती :

सेवा में,

… …

… …

विषय… …

महोदय,

मुझे यह कहने का निर्देश/आदेश हुआ है कि… …

भवदीय

(हस्ताक्षर)

पद, विभाग का नाम

संलग्नक :

1. … …
2. … …
3. … …

जानकारी अथवा आवश्यक कारवाई हेतु प्रतिलिपि प्रेषित—

… …

… …

कार्यालयीय-पत्र के प्रकार

कार्यालयीय-पत्र अनेक प्रकार के होते हैं—

1. सरकारी पत्र (Official Letter)
2. अर्द्धसरकारी-पत्र (D.O. Letter)
3. परिपत्र (Circular)
4. कार्यालय आदेश (Office Order)
5. कार्यालय ज्ञापन (Office Memorandum)
6. ज्ञापन (Memorandum)
7. अनुस्मारक (Reminder)
8. अनुज्ञप्ति पत्र (Permission Letter)

9. अधिसूचना (Notification)
10. प्रारूप-लेखन (Drafting)
11. टिप्पण-लेखन (Note)
12. संकल्प (Resolution)
13. निमंत्रण-पत्र (Invitation Letter)
14. प्रेस विज्ञप्ति (Press Communique)
15. निविदा (Tender)
16. तार (Telegram)
17. विज्ञापन (Advertisement)

सरकारी और गैर-सरकारी दोनों के लिए

1. विज्ञापन (Advertisement)
2. इ-मेल (e-mail)
3. तार (Telegram)

सरकारी-पत्र

सरकारी-पत्र संबंधी महत्त्वपूर्ण बातें—

- विषय-सामग्री अत्यंत स्पष्ट और संक्षिप्त रूप में प्रस्तुत करना।
- पूर्व प्राप्त पत्र के उत्तर में पत्र देते समय पूर्व पत्र के पत्रांक का उल्लेख करना, संदर्भ का उल्लेख करना और अपना मंतव्य देना।
- प्रत्येक अनुच्छेद में क्रम संख्या देना।
- पत्र-लेखन में उत्तम पुरुष और मध्यम पुरुष का प्रयोग नहीं करना।

उदाहरण

1. आपके पत्र संख्या······दिनांक······में निम्नलिखित प्रस्तावों

के संबंध में मुझे अपनी यह सम्मति देने का निर्देश/आदेश हुआ है कि··· ···

2. आपके पत्र संख्या··· ···दिनांक··· ···में पूछी गई जानकारी के संबंध में निवेदन है कि······
3. आपके पत्र क्र.··· ···दिनांक··· ···के उत्तर में निवेदन है कि··· ···
4. आपने पत्र संख्या··· ···दिनांक··· ···के संबंध में मुझे यह स्पष्टीकरण देना है कि··· ···
5. इस कार्यालय के पत्र संख्या··· ···दिनांक··· ···की ओर आपका ध्यान पुनः आकृष्ट किया जाता है कि··· ···

सरकारी-पत्र का नमूना

संख्या-शिक्षा/28/9/2013
मानव संसाधन विकास मंत्रालय
नई दिल्ली।

प्रेषक,

राकेश कुमार शर्मा
मुख्य सचिव (शिक्षा)
मानव संसाधन विकास मंत्रालय,
नई दिल्ली।

सेवा में,

शिक्षा निदेशक
शिक्षा मंत्रालय, हरियाणा सरकार
चंडीगढ़।

विषय : 10+2 शिक्षा-प्रणाली को लागू करने के संदर्भ में।

महोदय,

1. उक्त विषय पर पिछले माह नई दिल्ली में आयोजित सम्मेलन

में आपको पूर्व विस्तृत जानकारी दी गई थी। अब इस विषय में मुझे यह निवेदन करने का निर्देश हुआ है कि ⋯ ⋯ सत्र से हरियाणा प्रदेश के सभी विद्यालयों में 10+2 प्रणाली लागू की जानी चाहिए।

2. नई कक्षाओं का पाठ्यक्रम केंद्रीय विद्यालयों के पाठ्यक्रम की भाँति होना चाहिए।
3. इस नई योजना के क्रियान्वित होने के कारण किसी भी कार्यरत कर्मचारी को हानि न हो, इसका विशेष ध्यान रखा जाना चाहिए।
4. इस विषय में 15 जून को नई दिल्ली में एक और बैठक आयोजित की जा रही है, जिसमें आपकी उपस्थिति अनिवार्य है। उसकी विस्तृत सूचना संलग्न पत्र में देखें।

भवदीय
राकेश कुमार शर्मा
मुख्य सचिव (शिक्षा)
मानव संसाधन विकास मंत्रालय
नई दिल्ली।

संलग्न—बैठक का सूचना-पत्र एवं कार्यसूची।

प्रतिलिपि प्रेषित—

1. सचिव, मानव संसाधन विकास मंत्रालय, उत्तर प्रदेश।
2. शिक्षा राज्य मंत्री, उत्तर प्रदेश।
3. मुख्यमंत्री, हरियाणा।

अर्द्धसरकारी पत्र

अर्द्धसरकारी-पत्रों का प्रयोग निम्नवत् उद्देश्यों की पूर्ति के लिए किया जाता है—

1. किसी विषय में व्यक्तिगत संबंधों द्वारा कार्य शीघ्र कराने के लिए।
2. सरकारी कार्यावधि की लंबी औपचारिकता से बचने के लिए।
3. सरकारी अनुस्मारक भेजने पर भी जब कार्य पूर्ण नहीं होता, तब उसे पूर्ण कराने के लिए विशेष अधिकारी का ध्यान दिलाने के लिए।
4. सरकारी अधिकारियों द्वारा परस्पर विचार-विनिमय करने के लिए।

अर्द्धसरकारी-पत्र संबंधी मुख्य बातें—

- यह पत्र विशेष अधिकारी के नाम भेजा जाता है।
- यह पत्र एकवचन उत्तम पुरुष में लिखा जाता है।
- ऊपर में प्रेषक और प्रेषिती का उल्लेख नहीं होता। प्रेषक केवल नीचे 'भवदीय' लिखकर अपने हस्ताक्षर करता है, पदनाम नहीं लिखता है।
- प्रेषिती का नाम तथा पदनाम नीचे भवदीय के बाईं ओर दिया जाता है। वहाँ भी 'सेवा में' लिखकर औपचारिकता का प्रदर्शन नहीं किया जाता है।
- संबोधन में सम्मानसूचकता का कुछ भाग या अंश आ जाता है, जो प्राय: सरकारी-पत्रों में नहीं होता।
- प्रेषक की भाषा सद्भावपूर्ण एवं विनम्र होती है।

नमूना

अर्द्धसरकारी–पत्र क्र. 959/52

मानव संसाधन विकास मंत्रालय

भारत सरकार

नई दिल्ली।

एम.पी. द्विवेदी

सचिव, शिक्षा प्रभाग

सम्मानित वीरेंद्रजी,

भारत सरकार नई शिक्षा–प्रणाली लागू करने के लिए देश में राष्ट्रीय स्तर पर विचार–संगोष्ठियों का आयोजन करने जा रही है। इन संगोष्ठियों के उद्‌देश्य हैं—नई शिक्षा–प्रणाली के प्रकार और दिशाएँ खोजना तथा पूरे राष्ट्र में एक ही प्रकार की शिक्षा को प्रोत्साहन देना।

इस विषय में आपसे अनुरोध है कि देश ने प्रबुद्ध चिंतकों, शिक्षा शास्त्रियों तथा शिक्षाविदों की एक बैठक में आप मुख्य वक्ता के रूप में अपने विचारों को प्रकट करें। सभा 27 सितंबर, को विज्ञान भवन में आयोजित होगी। आपसे पचपन मिनट का संभाषण करने की अपेक्षा है। कृपया पत्र के माध्यम से स्वीकृति प्रदान करें। तत्पश्चात् आवास और भत्ता संबंधी जानकारी भेज दी जाएगी।

भवदीय

हस्ताक्षर

एम.पी.द्विवेदी

डॉ. वीरेंद्र

प्रोफेसर एवं अध्यक्ष

इतिहास विभाग

दिल्ली वि.वि., दिल्ली।

अ. स. पत्र सं. (D.O.N.)

भारत सरकार
वाणिज्य मंत्रालय
नई दिल्ली
सितंबर....

क ख ग
अवर सचिव
प्रिय श्री··· ···

गत सप्ताह मंत्री महोदय ने नई नीति निर्धारित करने के विषय में आपके कार्यालय से कुछ सूचना मँगाई थी, वह अभी तक प्राप्त नहीं हुई है। कृपया आप स्वयं निजी रूप से इस ओर ध्यान दें और कल तक वांछित सूचना भिजवाने का प्रबंध करें।

आपका
क ख ग

श्री··· ···
आयात नियंत्रक
नई दिल्ली।

सरकारी-पत्र क्या है?

केंद्र सरकार या राज्य सरकार को लिखा गया पत्र या केंद्र सरकार या राज्य सरकार की ओर से लिखा गया पत्र सरकारी-पत्र कहलाता है। भारत सरकार की ओर से समस्त विदेशी सरकारों, राज्य सरकारों, संबद्ध और अधीन कार्यालयों, संघ लोक सेवा आयोग, राज्य सरकार के विभिन्न आयोगों, अर्द्धसरकारी कार्यालयों आदि के साथ होनेवाले या किए जानेवाले पत्र-व्यवहार को सरकारी-पत्र के अंतर्गत रखा जाता है।

अर्द्धसरकारी-पत्र क्या है?

अर्द्धसरकारी-पत्र का व्यवहार मुख्य रूप से शासकीय अधिकारियों के बीच होता है। यह पत्र किसी भी अधिकारी के पास उसके व्यक्तिगत नाम से भेजा जाता है। इस पत्र का उद्देश्य अधिकारियों की व्यक्तिगत सहमति जानना, किसी विषय की जानकारी या सूचना पाना अथवा किसी विचार-विमर्श का आदान-प्रदान होता है। जब किसी अधिकारी का ध्यान व्यक्तिगत रूप से निजी मामले की ओर आकृष्ट करना होता है तो ऐसे पत्रों का व्यवहार किया जाता है अथवा, अगर किसी विषय में कारवाई होने में अधिक विलंब होता है और सरकारी तौर से अनुस्मारक भेजने पर भी कोई संतोषजनक उत्तर नहीं मिल पाता है तो वैसी स्थिति में इस प्रकार का (शासकीय) पत्र लिखा जाता है। अर्द्धसरकारी-पत्र एकवचन, उत्तम पुरुष में मित्रतापूर्ण भाषा में लिखा जाता है। इसका प्रारंभ प्रिय/प्रियवर के संबोधन के साथ नाम जोड़कर किया जाता है। इसका अंत भवदीय या आपका से होता है। इस प्रकार से जिस अधिकारी को पत्र दिया जाता है उसे देनेवाला अधिकारी स्वयं नाम लिखकर देता है। यानी प्रेषिती का नाम स्वयं प्रेषक लिखता है न कि टंकित कराकर देता है। अगर समूचा पत्र टंकित भी है तो नाम हाथ से लिखा जाता है।

□

11

परिपत्र

परिपत्र किसे कहते हैं?

परिपत्र सरकारी-पत्र, कार्यालय ज्ञापन या ज्ञापन—तीनों रूपों में हो सकता है। भारत सरकार की ओर से यदि कोई पत्र या ज्ञापन समस्त राज्य सरकारों को भेजा जाता है तो वह परिपत्र कहलाता है। उसी प्रकार राज्य सरकार अपने समस्त विभागों को कोई ज्ञापन, पत्र आदि भेजती है तो वह परिपत्र कहलाता है। यदि किसी विभाग प्रमुख के कार्यालय से अपने अधीनस्थ अधिकारियों को कोई ज्ञापन या पत्र भेजा जाता है तो वह भी परिपत्र कहलाता है। परिपत्र सरकारी-पत्र या ज्ञापन—दोनों ही रूपों में लिखा जा सकता है।

परिपत्र के माध्यम से विभिन्न मंत्रालय अपने अधीनस्थ कार्यालयों, संलग्न विभागों तथा अनुभागों को निर्देश, आदेश, सूचनाएँ आदि देते हैं। परिपत्र प्रायः बड़ी संख्या में अधीनस्थ कार्यालयों को भेजे जाते हैं।

नमूना-1

संख्या 83/4/2013
गृह मंत्रालय (हिंदी विभाग)
भारत सरकार
नई दिल्ली।

प्रेषक :

एम.एस. यादव
अवर सचिव (हिंदी विभाग)
गृह मंत्रालय, भारत सरकार

सेवा में,

केंद्रीय कार्यालयों के समस्त अधिकारीगण

विषय—केंद्रीय कार्यालयों में हिंदी को प्रोत्साहन।

महोदय,

1. मुझे आपको निवेदन करने का निर्देश हुआ है कि सभी कार्यालयों में हिंदी भाषा में कार्य किए जाने को पूर्ण प्रोत्साहन दिया जाए। जो कर्मचारी पूरे वर्ष हिंदी में कार्य करते हैं उनकी नाम-सूची गृह मंत्रालय के हिंदी विभाग में प्रस्तुत की जाए तथा हिंदी ज्ञान में सर्वश्रेष्ठ एवं दक्ष कर्मचारियों को विशेष पुरस्कार दिए जाएँ।
2. जो कर्मचारी हिंदी कार्य करने में असमर्थ हैं उन्हें प्रशिक्षित करने का प्रबंध किया जाए। इस विषय में गृह मंत्रालय से

जो सहायता अपेक्षित हो, उसे पूर्व आज्ञा लेकर प्राप्त किया जा सकता है।

भवदीय

हस्ताक्षर

अवर सचिव (हिंदी विभाग)

भारत सरकार, गृह मंत्रालय

नई दिल्ली।

संलग्न : वार्षिक पुरस्कार योजना

प्रतिलिपि निम्नलिखित को प्रेषित—

1. सभी केंद्रीय कार्यालय
2. लेखाधिकारी

नमूना-2

संख्या 586/3-160-751

प्रेषक :

श्री बी.एन.सिंह, आई.ए.एस.

उप सचिव

सेवा में,

सभी विभागीय अध्यक्ष और जिला-अधिकारी।

पटना

दिनांक··· ···मार्च··· ···

विषय : देवनागरी हिंदी को बिहार की राजभाषा के रूप में अपनाने का निर्णय।

महोदय,

निर्देशानुसार मुझे यह सूचित करना है कि बिहार ऑफिशियल लैंग्वेज ऐक्ट, 1950 के अनुसार भिन्न-भिन्न सरकारी प्रयोजनों के निमित्त देवनागरी लिपि में हिंदी भाषा को अपनाने के लिए भिन्न-

भिन्न तारीखें नियत की जा रही हैं। इस प्रयोजन के लिए गठित समिति द्वारा स्वीकृत संकल्प के अनुसार सरकार ने निर्णय लिया है कि सभी विज्ञापित पदों के लिए देवनागरी लिपि में लिखित हिंदी में ही आवेदन-पत्र माँगे जाएँ। जो उम्मीदवार हिंदी में आवेदन न करें, उन्हें साक्षात्कार के लिए न बुलाया जाए।

विश्वासभाजन

हस्ताक्षर

बी.एन. सिंह, उपसचिव

नमूना-3

(सरकारी-पत्र के रूप में)

भारत सरकार

खाद्यान्न विभाग

संख्या……

प्रेषक :

प्रभु चरणदास

उप सचिव, भारत सरकार।

सेवा में,

सभी राज्य सरकारें,

नई दिल्ली-2

2 जुलाई, 1913

विषय : खाद्यान्नों की वसूली।

महोदय,

मुझे यह सूचना देने का निर्देश हुआ है कि देश में खाद्यान्नों की वर्तमान स्थिति को देखते हुए भारत सरकार ने यह निश्चय किया है कि अन्न बहुल राज्यों में सरकारों द्वारा अन्न की वसूली की जाए। इस बाबत

प्रत्येक राज्य के लिए निर्धारित खाद्यान्नों की मात्रा तथा वसूली के खाद्यान्नों की कीमत के संबंध में विस्तृत सूचना शीघ्र भेज दी जाएगी।

इस संबंध में आप जो कारखाई करें, उसका और खाद्यान्न वसूली की प्रगति का साप्ताहिक विवरण इस मंत्रालय को भेजते रहें।

आपका विश्वासभाजन

हिम्मत बहादुर

उपसचिव, भारत सरकार

नमूना-4

(ज्ञापन के रूप में)

भारत सरकार

स्वास्थ्य विभाग

नई दिल्ली-2

संख्या… …

अगस्त, 2013

इस मंत्रालय द्वारा सरकारी कर्मचारियों के लिए खोजे गए चिकित्सालयों की सूची तथा गत वर्ष उनसे लाभ उठानेवाले रोगियों का विवरण जानकारी के लिए भेजा जा रहा है। इस विवरण से यह स्पष्ट है कि इस समय 410 चिकित्सालय खुले हैं; जिसमें गत वर्ष 1,10,000 रोगियों की चिकित्सा की गई।

अवधेश नारायण

अवर सचिव, भारत सरकार।

वितरण,

सभी मंत्रालयों तथा संलग्न कार्यालयों को।

विशेष

- परिपत्र—सरकारी-पत्र, कार्यालय ज्ञापन, ज्ञापन—तीनों रूपों में लिखा जाता है।

- यदि सभी राज्य सरकारों को कोई एक सरकारी–पत्र भेजा गया हो, तो उसे परिपत्र कहा जाएगा।
- यदि कोई कार्यालय ज्ञापन भारत सरकार के सभी मंत्रालयों को भेजा जा रहा हो, तो वह भी परिपत्र होगा।
- यदि कोई ज्ञापन किसी मंत्रालय के सभी अनुभागों, अफसरों या संलग्न और अधीनस्थ कार्यालय के नाम भेजा जा रहा हो तो वह भी परिपत्र कहलाएगा।
- परिपत्र की रचना आवश्यकतानुसार सरकारी–पत्र या ज्ञापन के समान होती है।
- ज्ञापन के रूप में लिखते समय कलेवर के ऊपर 'ज्ञापन' न लिखकर 'परिपत्र' लिखा जाएगा।

□

12

अनुस्मारक

अनुस्मारक क्या है?

अनुस्मारक वास्तव में एक स्मरण-पत्र है। जब किसी मामले में कोई काररवाई अपेक्षित समय में नहीं हो पाती है, तो पुनः पत्र देकर उस मामले की याद दिलाई जाती है। अनुस्मारक उसी रूप में भेजा जाता है जिस रूप में पहले पत्र भेजा गया होता है। सरकारी पत्र का अनुस्मारक सरकारी पत्र के रूप में, अर्द्धसरकारी-पत्र का अनुस्मारक अर्द्धसरकारी-पत्र के रूप में भेजा जाता है।

अनुस्मारक में विषय-वस्तु अत्यंत संक्षिप्त रहती है।

विशेष

- साधारणतः पत्र भेजने की तिथि से एक माह के बाद स्मारक पत्र (अनुस्मारक) भेजे जाते हैं।
- भारत सरकार और उच्च न्यायालयों को संबोधित अनुस्मारक उस अफसर के आदेश और हस्ताक्षर से भेजा जाता है जो सहसचिव की पंक्ति से नीचे के न हों।

- अनुस्मारक सरकारी पत्र और अर्द्धसरकारी-पत्र—दोनों रूपों में लिखा जाता है।

नमूना

(सरकारी-पत्र के रूप में)

पत्र-संख्या परि/49/2/OX
परिवार कल्याण मंत्रालय
भारत सरकार
नई दिल्ली।
दिनांक··· ···जुलाई··· ···

प्रेषक :

राजेंद्र सरीन
मुख्य सचिव
परिवार कल्याण मंत्रालय,
भारत सरकार
नई दिल्ली।

सेवा में,

किशोर अरोड़ा
अवर सचिव
जन-कल्याण विभाग
शिमला।

विषय : पिछले वर्ष की जनसंख्या-वृद्धि की रिपोर्ट।

महोदय,

आपका ध्यान हमारे पत्र क्रम 07/3/ OX दिनांक··· ··· मई··· ···की ओर आकर्षित किया जाता है। इसमें निवेदन किया गया था कि 4 जुलाई··· ···तक पिछले वर्ष की जनसंख्या वृद्धि की रिपोर्ट देने की

कृपा करें। इस बाबत अब तक कोई भी उत्तर नहीं मिला है। आपसे पुन: निवेदन किया जाता है कि पंद्रह दिन के अंदर रिपोर्ट भिजवा दें।

भवदीय
हस्ताक्षर
किशोर अरोड़ा
मुख्य सचिव
परिवार कल्याण मंत्रालय
भारत सरकार।

नमूना
(अर्द्धसरकारी-पत्र के रूप में)

अर्द्धसरकारी-पत्र सं. 25/39/2010
गृह मंत्रालय,
भारत सरकार,
नई दिल्ली।

अशोक मिश्र
गृह सचिव

प्रिय श्री जगदीशचंद्र माथुरजी,

इस वर्ष मनाए जानेवाले हरिवंश राय बच्चन समारोह के संबंध में मैंने आपके पास पत्र क्र. 21/86/2012, दिनांक 25 फरवरी, 2013 को भेजा था। आपसे उस समारोह का विवरण माँगा गया था। अभी

तक हमें कोई विवरण प्राप्त नहीं हुआ है। कृपया जल्द ही उक्त समारोह का विवरण भेजकर कृतार्थ करें।

भवदीय
अशोक मिश्र

साभिवादन

श्री किशोर कुमार वर्मा
सचिव, साहित्य अकादमी
नई दिल्ली।

□

13

कार्यालय आदेश

विभिन्न मंत्रालय और कार्यालय अपने कार्यालय के सभी कर्मचारियों अथवा कुछ विशेष कर्मचारियों से संबंधित आदेशों को जारी करने के लिए 'कार्यालय आदेश' का सहारा लेते हैं। कार्यालय आदेश में ऐसी सूचनाएँ होती हैं, जिनका संबंध किसी कार्यालय के एक या अधिक अथवा अनेक कर्मचारियों से होता है। इसके अंतर्गत नियुक्ति, छुट्टियों की स्वीकृति तथा पदवृद्धि आदि की सूचनाएँ दी जाती हैं। कार्यालय द्वारा बनाए गए सामान्य नियमों की सूचना भी इसके द्वारा दी जाती है। इस प्रकार के पत्र की रचना सरल होती है। ऊपर संख्या, कार्यालय का नाम और दिनांक दिए जाते हैं। वाक्यों की रचना उत्तम पुरुष में होती है। नीचे दाहिनी ओर अधिकारी के हस्ताक्षर पद सहित उल्लिखित रहते हैं। स्वनिर्देश के लिए कोई शब्द नहीं रहता है। नीचे बाईं ओर उन व्यक्तियों का नामोल्लेख रहता है, जिनके लिए आदेश जारी किया गया है।

कार्यालय आदेश के प्रारूप की विधि निम्नलिखित है—

1. क्रम संख्या
2. कार्यालय का नाम

3. स्थान एवं दिनांक
4. शीर्षक 'कार्यालय आदेश'
5. आदेश
6. अधिकारी के हस्ताक्षर, नाम तथा पदनाम
7. प्रेषितियों के नाम तथा पते।

नमूना-1

पत्र संख्या 843/2010
शिक्षा विभाग
हिमाचल प्रदेश सरकार
शिमला।
5.5.2013

कार्यालय-आदेश

श्री अरविंद पांडेय प्राध्यापक, हिंदी-विभाग, राजकीय महाविद्यालय··· ···की सेवाएँ 25.05.2013 से भगतसिंह युवा कल्याण परिषद्, जींद के लिए हस्तांतरित की जाती हैं। श्री अरविंद पांडेय का स्थान नव-नियुक्ति द्वारा पूर्ण होगा।

आज्ञा से
हस्ताक्षर
(··· ···नाम)
मुख्य सचिव, शिक्षा-विभाग
हिमाचल प्रदेश सरकार

प्रतिलिपि प्रेषित—

1. श्री अरविंद पांडेय, राजकीय विद्यालय··· ···।
2. श्री नवीन मिश्रा, प्राचार्य, राजकीय विद्यालय··· ···।
3. श्री क ख ग, भगतसिंह युवा कल्याण परिषद्, जींद।

नमूना-2

संख्या… …

नई दिल्ली-1; 03-06-1990

भारत सरकार
वाणिज्य तथा उद्योग मंत्रालय,
नई दिल्ली

कार्यालय आदेश

यह निश्चित किया गया है कि अब से किसी भी सहायक लिपिक को कार्यालय की पत्रावली किसी भी दशा में घर ले जाने की अनुमति नहीं दी जाएगी।

उपसचिव, भारत सरकार

1. गृह मंत्रालय के सभी अधिकारी और अनुभाग।
2. अवस्थापन 1 के अवर सचिव के निजी सहायक।

नमूना-3

संख्या… …

भारत सरकार
गृह मंत्रालय
नई दिल्ली-2
22.2.2013

कार्यालय आदेश

निम्नलिखित महानुभावों को आज 250-10-550-15-1500 के वेतन क्रम में उच्च संवर्गीय लिपिक के पद पर नियुक्त किया जाता है—

1. श्री……कुमार
2. श्री……वर्मा
3. श्री……तिवारी

हस्ताक्षर
उपसचिव, भारत सरकार
□

14

ज्ञापन

ज्ञापन पत्राचार का वह प्रकार है जिसका प्रयोग निजी तौर पर या निजी संस्थाओं द्वारा नहीं किया जाता है। भारत सरकार या राज्य सरकार के मंत्रालयों के आपसी पत्राचार में इस तरह के पत्र का प्रयोग किया जाता है, जिसे 'ज्ञापन' कहा जाता है। इसका प्रयोग मुख्य रूप से निम्नलिखित स्थितियों में किया जाता है—

- प्रार्थना पत्रों, नियुक्ति के लिए दिए गए आवेदन-पत्रों के उत्तर देने में।
- अन्य कार्यालयों से प्राप्त पत्रों की सूचना के लिए।
- अधीनस्थ कार्यालयों को कोई सूचना देने के लिए।

इस प्रकार के पत्र में कोई संबोधन नहीं होता। केवल पत्र भेजनेवाले कार्यालय का नाम रहता है और जिस पदाधिकारी को पत्र दिया जाता है, उसका पद नाम रहता है। यदि किसी प्रार्थी से संबंधित उत्तर होता है तो उस प्रार्थी का नाम भी बाईं ओर लिखा जाता है।

ज्ञापन का प्रयोग निम्नलिखित कार्यों के लिए होता है—

- पत्रों की प्राप्ति की सूचना के लिए।
- प्रार्थना-पत्रों के उत्तर देने के लिए।

- कार्यालयों के बीच किसी अधीनस्थ कर्मचारी को कोई चेतावनी या सूचना देने के लिए।

ज्ञापन का स्वरूप कार्यालय-ज्ञापन जैसा होता है, जिसमें निम्नलिखित बातें सम्मिलित होती हैं—

1. क्रम संख्या
2. मंत्रालय का नाम
3. स्थान का उल्लेख
4. विषय का उल्लेख
5. सूचना/निर्देश
6. प्रेषक के हस्ताक्षर तथा निर्देश
7. बाईं ओर प्रेषिती का नाम तथा पता।

नमूना-1

क्रम संख्या··· ···
उद्योग मंत्रालय
हरियाणा सरकार
चंडीगढ़।
दिनांक··· ···

ज्ञापन

विषय—मंत्रालय में लेखपाल की नियुक्ति।

श्री··· ···को उनके दिनांक··· ···के आवेदन-पत्र के उत्तर में इस मंत्रालय में लेखपाल-पद का नियुक्ति-पत्र निम्नलिखित शर्तों पर दिया जा रहा है—

1. पद का वेतनमान 2150-50-2600-150-3500 होगा।
2. यह पद स्थायी है, किंतु उसका परिवीक्षा काल नौ माह का है। यदि कर्मचारी का कार्य तथा व्यवहार संतोषजनक रहा तो उसे नौ माह पश्चात् इसी पद पर स्थायी कर दिया

जाएगा। यह परिवीक्षा काल आवश्यकता पड़ने पर एक वर्ष छह माह तक बढ़ाया जा सकता है।

3. नियुक्त कर्मचारी को सेवा की सभी शर्तों को मानना होगा।
4. नियुक्ति-पत्र स्वीकार करने पर बारह दिन के अंदर कार्यालय में उपस्थिति की सूचना देनी होगी।

… …नाम
हस्ताक्षर
अवर सचिव
उद्योग मंत्रालय
हरियाणा सरकार।

1. श्री… …
   1553/15… …, उत्तराखंड
2. लेखाधिकारी

नमूना-2

संख्या… …
भारत सरकार, विधि मंत्रालय
नई दिल्ली, दिनांक… …

ज्ञापन

श्री… …ने… …पद पर नियुक्ति के लिए दिनांक… … को जो प्रार्थना-पत्र भेजा था, उसके प्रसंग में उनको सूचित किया जाता है कि इस समय ऐसा कोई पद खाली नहीं है। भविष्य में जब कोई

पद खाली होगा, तब उसकी सूचना रोजगार कार्यालय को भेज दी जाएगी।

हस्ताक्षर

क ख ग

अवर सचिव, भारत सरकार

सेवा में,

श्री··· ···

2,··· ···रोड, नई दिल्ली।

नमूना-3

भारत सरकार

प्रतिरक्षा मंत्रालय

संख्या··· ···

नई दिल्ली, दिनांक··· ···

ज्ञापन

विषय : असैनिक कर्मचारियों की हिंदी-शिक्षा।

संविधान में स्वीकृत प्रस्ताव के अनुसार भारत सरकार का समस्त कामकाज सन् 1965 से हिंदी भाषा में होना निश्चित हुआ था। इस उद्देश्य को ध्यान में रखते हुए गृह मंत्रालय ने अहिंदीभाषियों के लिए हिंदी कक्षाएँ खोलने का प्रबंध किया है। ये कक्षाएँ कार्यालय के समय लगेंगी। इनका उद्देश्य असैनिक कर्मचारियों को हिंदी में आलेखन (Drafting) और टिप्पण (Noting) का ज्ञान कराना है। इन कक्षाओं में सम्मिलित होना अभी अनिवार्य नहीं बल्कि ऐच्छिक है, पर जो व्यक्ति एक बार सम्मिलित हो जाएगा, उसे विभागीय अधिकारी की स्वीकृति के बिना बीच में कक्षा छोड़ने की अनुमति नहीं दी जाएगी। जो व्यक्ति इन कक्षाओं में सम्मिलित होना चाहते हैं, उनके नाम 25 जनवरी, 1990

तक प्रतिरक्षा मंत्रालय के डी. अवस्थापन-2 अनुभाग में भेज दिए जाएँ।

... ...

अवर सचिव, भारत सरकार

सेवा में,

सभी अनुभाग अधिकारी
अनुमोदित सूची के अनुसार

□

15

कार्यालय ज्ञापन

भारत सरकार के विभिन्न मंत्रालय कार्यालय ज्ञापन का प्रयोग अपने अधीनस्थ कार्यालयों और कर्मचारियों को सामान्य सूचनाएँ देने के लिए करते हैं। लेखन-विधि में कार्यालय ज्ञापन की महत्त्वपूर्ण बातें निम्नलिखित हैं—

- कार्यालय ज्ञापन सदैव अन्य पुरुष में लिखा जाता है।
- इसमें ऊपर प्रेषक तथा प्रेषिती का नाम नहीं आता।
- इसमें संशोधन का प्रयोग नहीं होता।
- इसके अंत में प्रेषक के हस्ताक्षर और उसका नाम लिखा जाता है।
- प्रेषिती का उल्लेख प्रेषक के सामने बाईं ओर किया जाता है।

नमूना-1

क्रम संख्या··· ··· (रेल)

हिमाचल प्रदेश सरकार

रेल मंत्रालय (··· ···प्रभाग)

नई दिल्ली

दिनांक··· ···

विषय...
....
....

हस्ताक्षर

(··· ···नाम)

(··· ···पदनाम)

प्रेषित कार्यालयों के नाम—

नमूना-2

क्रम संख्या·· ··· (आवास)

गृह मंत्रालय·· ··· (आवास प्रभाग)

हिमाचल प्रदेश सरकार

शिमला।

दिनांक·· ···

विषय : रिक्त मकानों के आवंटन की सूचना।

मुझे यह सूचना देने का निर्देश प्राप्त हुआ है कि·· ···के सरकारी आवास क्षेत्र में 23 मकान खाली पड़े हैं। जो कर्मचारी इन आवासों में रहने के इच्छुक हों, वे वरीयता के क्रम से अपने आवेदन-पत्र दिनांक··तक भेज दें, ताकि उन पर विचार करके मकानों का आवंटन यथासमय कर दिया जाए।

हस्ताक्षर

··· ···नाम

संयुक्त सचिव, गृह मंत्रालय

हिमाचल प्रदेश सरकार

सभी विभागीय कार्यालय

□

16

अधिसूचना

नियमों और आदेशों की घोषणा, अधिकारों का सौंपा जाना, राजपत्रित अधिकारियों की नियुक्ति, छुट्टी, तरक्की आदि को भारत के राजपत्र (गजट ऑफ इंडिया) में प्रकाशित करके अधिसूचित करने के लिए इसका प्रयोग किया जाता है।

नमूना-1

(गजट में प्रकाशित होनेवाली अधिसूचना का आलेखन)

भाग-1, अनुभाग-2

गृह मंत्रालय

नई दिल्ली, दिनांक... ...

अधिसूचना

छुट्टी एवं अवकाश

संख्या... ...। श्री... ..., आई.ए.एस., उपसचिव, गृह मंत्रालय को 30 दिन का उपार्जित अवकाश प्रदान किया जाता है, जो... ...ई. से लागू होगा।

पद मुक्ति

संख्या··· ···। अवकाश की समाप्ति पर श्री··· ···आई.ए.एस., उपसचिव, गृह मंत्रालय की सेवाएँ 14 अगस्त··· ···ई. को स्वास्थ्य मंत्रालय को सौंप दी गई हैं।

संयुक्त सचिव, भारत सरकार

सं.फ. उ प (पा) 54/गृ. (अव.1)

उक्त अधिसूचना की अग्रिम प्रतिलिपियाँ निम्नलिखित को प्रेषित की गईं—

1. गृह (संपर्क) अनुभाग को, गजट में प्रकाशन के लिए।
2. अवस्थापन अधिकारी, गृह मंत्रालय।
3. श्री··· ···आई.ए.एस.।

नमूना-2

भाग 1

बिहार गजट, ··· ···जुलाई··· ···

शिक्षा विभाग

अधिसूचना

17 जून, 20··· ···

सं. 2590—बिहार अराजकीय माध्यमिक विद्यालय (प्रबंध एवं नियंत्रण ग्रहण) अधिनियम 1981 की धारा 10(9) के अधीन विद्यालय सेवा बोर्ड की अनुशंसा के आधार पर श्री··· ···जिनकी नियुक्ति राजकीय अधिसूचना संख्या 10130-38 दिनांक··· ···द्वारा··· ··· उच्च विद्यालय··· ···में तदर्थ रूप से प्रधानाध्यापक पद पर की गई है, को राजकीय आदेश संख्या 510, दिनांक··· ···एवं विभागीय पत्रांक, दिनांक··· ···के अनुसार प्रधानाध्यापक पद पर वेतनमान 1000-1,820 रु. में दिनांक··· ···से नियमित प्रोन्नति देते हुए परीक्ष्यमान रूप से नियुक्त करते हुए इसी विद्यालय में पदस्थापित किया जाता है।

परीक्ष्यमान अवधि दो वर्षों की होगी। इस अवधि में उन्हें हिंदी टिप्पण एवं प्रारूपण तथा विभागीय परीक्षा दोनों पत्रों में उत्तीर्ण होना आवश्यक होगा।

बिहार राज्यपाल के आदेश से;

··· ···दूबे, संयुक्त सचिव

□

17

प्रेस विज्ञप्ति

जब सरकार किसी निर्णय का प्रचार विस्तृत रूप से करना चाहती है तब उसकी ओर से प्रेस विज्ञप्ति अथवा प्रेस नोट प्रकाशित किया जाता है। दोनों में एक अंतर है।

प्रेस नोट—प्रेस नोट को समाचार-पत्रों के संपादक अपनी इच्छा से छोटा या बड़ा कर देते हैं।

प्रेस विज्ञप्ति—प्रेस विज्ञप्ति अधिक औपचारिक है। समाचार-पत्रों में उसका प्रकाशन बिना किसी संशोधन के उसी रूप में कर दिया जाता है, जिस रूप में वह तैयार की जाती है।

दोनों का उद्देश्य जनता को सरकारी निर्णय से अवगत कराना है। हिंदी में 'प्रेस विज्ञप्ति' और 'प्रेस नोट' दोनों ही नाम प्रचलित हैं।

प्रेस विज्ञप्ति की रचना

- प्रेस विज्ञप्ति के प्रकाशन का समय नियत रहता है। निश्चित तिथि से पूर्व प्रेस विज्ञप्ति का प्रकाशन निषिद्ध (वर्जित) है। बाद में किया जा सकता है।
- प्रेस विज्ञप्ति के आलेखन के सार रूप का एक शीर्षक दिया जाता है। शीर्षक प्रेस विज्ञप्ति का मूल होता है।

- अंत में सूचना अधिकारी को प्रचारित करने का आदेश दिया जाता है।
- मुख्य सूचना अधिकारी प्रेस विज्ञप्ति को विभिन्न समाचार-पत्रों के लिए जारी करता है।

नमूना-1

सोमवार,··· ···अक्तूबर··· ···ई. को 9 बजे प्रातः काल से पहले प्रकाशित या प्रसारित न की जाए।

प्रेस विज्ञप्ति

भारत और स्वीडन के बीच कूटनीतिक संबंध

भारत और स्वीडन की सरकारें इस बात पर सहमत हो गई हैं कि दोनों देशों में दूतावास स्तर पर कूटनीतिक संबंध स्थापित किए जाएँ। उन्हें विश्वास है कि संबंध और भी सहज हो जाएँगे और इससे दोनों देशों को लाभ पहुँचेगा। मुख्य सूचना अधिकारी, प्रेस सूचना ब्यूरो, नई दिल्ली को जारी करने तथा इसे विस्तृत रूप से प्रचारित करने के लिए प्रेषित।

(··· ···नाम)

संयुक्त सचिव, भारत सरकार

विदेश मंत्रालय,

नई दिल्ली, ··· ···सितंबर··· ···ई.

नमूना-2

··· ···वार, ··· ···20··· ···को प्रातः काल··· ···बजे से पहले प्रकाशित तथा प्रसारित न किया जाए।

शीर्षक··· ···

नई दिल्ली,··· ···20··· ···ई.

इस विश्वास पर कि इंडोनेशिया की केंद्रीय जन-सरकार को

इंडोनेशिया की जनता का सहयोग प्राप्त है और इंडोनेशिया तथा भारत के बीच परंपरागत मैत्री को ध्यान में रखते हुए भारत सरकार वहाँ के जनतंत्र की स्वीकृति की पुष्टि करती है एवं राजनीतिक संपर्क तथा अधिदूत-विनिमय की प्रतीक्षा करती है।

□

18

संकल्प

नीति के महत्त्वपूर्ण मामलों पर सरकार के निर्णयों, समिति या जाँच आयोगों की नियुक्ति और उनकी महत्त्वपूर्ण रिपोर्टों की समीक्षा के परिणामों की सार्वजनिक घोषणा करने के लिए संकल्पों का प्रयोग होता है। संकल्प भी आमतौर पर भारत के राजपत्र में छापे जाते हैं। 'संकल्प' में सरकार महत्त्वपूर्ण विषयों के संबंध में विचार और मंतव्य रखती है। संकल्प का व्यवहार उस स्थिति में किया जाता है जब किसी एक या अनेक विषयों पर अन्य व्यक्तियों से विचार-विमर्श करना होता है। सभी के परामर्श पर उचित विचार कर सरकार अपना निर्णय लेती है। किसी विषय पर तत्संबंधी वार्षिक विवरण के पुनरीक्षण के बाद जो सिद्धांत स्थिर किया जाता है अथवा औपचारिक निर्णय किया जाता है, वह सरकारी संकल्प द्वारा ही निश्चयात्मक स्थिति को प्राप्त होता है। संकल्प एक ऐसा पत्र है जिसके जरिए सरकार किसी विषय पर उचित सोच-विचार और तर्क-वितर्क के बाद कोई सिद्धांत या विचार प्रकट करती है।

संकल्प के तीन भाग होते हैं—

- प्रस्तावना (Preamble)

- संकल्प (Resolution)
- आदेश (Order)।

भेजनेवाले विभाग, प्रशाखा या कार्यालय का नाम सबसे पहले होता है। नीचे स्थान और तारीख दी जाती है। उसके बाद संकल्प का विषय शीर्षक दिया जाता है।

संकल्प की प्रस्तावना में सभी मुख्य पात्रों का निदेश, विषय की स्थिति और तर्कों का संक्षिप्त पुनर्विलोकन होता है। संकल्प में सरकार का निर्णय रहता है और आदेश में काररवाई करने का अनुदेश दिया जाता है।

यदि संकल्प का प्रकाशन राजपत्र में किया जाता है तो उसका विवरण अंत में सबसे नीचे दे दिया जाता है।

नमूना-1

(भारतीय राजपत्र के नाम/खंड 2 में प्रकाशन के लिए)

भारत सरकार
विधि मंत्रालय

नई दिल्ली, दिनांक… …

संकल्प

कम आयवाले नागरिकों को थोड़े ब्याज पर कानूनी सहायता उपलब्ध कराने के प्रश्न पर भारत सरकार कुछ समय से विचार करती रही है। सरकार ने इस विषय में सिफारिश करने के लिए एक समिति बनाने का निश्चय किया है जिसका गठन निम्न प्रकार होगा—

अध्यक्ष— श्री… …

सदस्य— 1. श्री… …
2. श्री… …
3. श्री… …
4. श्री… …

सदस्य सचिव श्री··· ···

समिति के विचारणीय विषय (Terms of Reference) निम्नलिखित होंगे—

क. ··· ···

ख. ··· ···

ग. ··· ···

आदेश—आदेश है कि संकल्प की एक-एक प्रति समिति के समस्त सदस्यों को भेजी जाए। यह भी आदेश है कि यह संकल्प भारतीय राजपत्र में जन-साधारण की सूचना के लिए प्रकाशित किया जाए।

हस्ताक्षर

क ख ग

संयुक्त सचिव, भारत सरकार

सेवा में,

प्रबंधक

भारत सरकार प्रेस,

फरीदाबाद।

संख्या··· ···

प्रतिलिपि सूचना के लिए निम्नलिखित को प्रेषित—

1. सभी राज्य सरकारों के मुख्य सचिव
2. ··· ···
3. ··· ···
4. ··· ···

क ख ग

अवर सचिव, भारत सरकार

नमूना-2

बिहार सरकार

वित्त विभाग

संकल्प

पटना, दिनांक··· ···

विषय : राज्य के सरकारी सेवकों को 1912–13 के लिए तदर्थ बोनस की स्वीकृति।

1. राज्य के सरकारी सेवकों को तदर्थ बोनस देने के संबंध में भली-भाँति विचार करने के पश्चात् राज्य सरकार ने यह निर्णय लिया है कि राज्य के सरकारी सेवकों को वर्ष 2012–13 के लिए 27 दिनों की परिलब्धियों के बराबर तदर्थ बोनस की स्वीकृति दी जाए।
2. ये लाभ निम्नलिखित शर्तों के अधीन स्वीकार्य होंगे—
   - इस आदेश के अंतर्गत स्वीकार्य तदर्थ बोनस की राशि का हिसाब दिनांक··· ···के प्रभाव से पुनरीक्षित वेतनमान में तथा स्वीकार्य परिलब्धियों के आधार पर लगाया जाएगा और परिलब्धियों में मूल वेतन, वैयक्तिक वेतन, विशेष वेतन, प्रतिनियुक्ति (ड्यूटी) भत्ता और महँगाई भत्ता भी शामिल होंगे, किंतु इनमें मकान किराया भत्ता, खराब जलवायु भत्ता, बाल शिक्षण भत्ता, प्रतिपूर्ति नगर क्षतिपूर्ति भत्ता आदि शामिल नहीं किए जाएँगे। दिनांक··· ···की स्थिति उन सभी कर्मचारियों के लिए जो अपुनरीक्षित वेतनमान में ही बने रहने का विकल्प नहीं देते हैं; पुनरीक्षित वेतनमान के अनुसार परिलब्धियों पर आधारित होगी।
   - केवल वे ही कर्मचारी इस आदेश के अंतर्गत भुगतान प्राप्त करने के पात्र होंगे, जो··· ···2013 को सेवा में थे

और जिन्होंने वर्ष 2012-13 के दौरान कम-से-कम छह माह की लगातार सेवा की हो। वर्ष के दौरान छह महीने से पूरे एक वर्ष की लगातार सेवा की अवधियों के लिए पात्र कर्मचारियों को आनुपातिक अदायगी स्वीकार्य होगी और पात्र अवधि की सेवा के महीनों की संख्या के अनुसार गणना की जाएगी (राउंड टू दी नियरेस्ट नंबर ऑफ मंथ्स)।

- जो सरकारी सेवक अपुनरीक्षित वेतनमान में ही बने रहने का विकल्प देंगे, उनके मामले में भी 5200 रु. प्रतिमाह की परिलब्धियों की अधिसीमा अपुनरीक्षित वेतनमान की परिलब्धियों के आधार पर ही लागू होगी। पर उनके मामले में परिलब्धियों में अंतरिम सहायता की राशि सम्मिलित नहीं की जाएगी। चूँकि अपुनरीक्षित वेतनमान में ही रहने का विकल्प देनेवाले के लिए अंतरिम सहायता की देयता 01-03-2013 के प्रभाव से ही समाप्त कर दी गई है।
- दिनांक 31-03-2013 की स्थिति के अनुसार प्रतिमाह 2500 रुपए (सहित 2500 रुपए) प्रतिमाह तक वास्तविक परिलब्धियाँ पानेवाले कर्मचारी उस अदायगी के पात्र होंगे, तथार्पित, देय अधिकतम राशि उस राशि तक सीमित रहेगी, जो प्रतिमाह 1600 रुपए परिलब्धियाँ पानेवाले कर्मचारियों को स्वीकार्य होगी। प्रतिमाह 1600 रुपए से अधिक और 2500 रुपए से अनाधिक मासिक परिलब्धियाँ पानेवाले कर्मचारियों के लिए बोनस की गणना इस प्रकार की जाएगी मानो कि परिलब्धियाँ प्रतिमाह 1600 रुपए हों।
- जिन आकस्मिक मजदूरों ने तीन वर्ष अथवा उससे

अधिक प्रतिवर्ष कम-से-कम 240 दिन काम किया है, वे इस तदर्थ अदायगी के पात्र होंगे। यह राशि 300 रु. की काल्पनिक मासिक मजदूरी के आधार पर तय की जाएगी। भले ही वास्तविक मजदूरी कुछ भी हो। देय तदर्थ बोनस की राशि 300×27/31=261.29 (261.00) में पूर्णांकित होगी।

3. इन आदेशों के अंतर्गत सभी अदायगियों को निकटतम पूर्ण रुपए पर पूर्णांकित किया जाएगा।
4. इससे संबंधित व्यय उसी शीर्ष से विकलनीय होगा जिससे संबंधित कर्मचारियों का वेतन विकलनीय होता है।

आदेश—आदेश दिया जाता है कि इस संकल्प को सर्वसाधारण की जानकारी के लिए बिहार गजट में प्रकाशित कर दिया जाए।

बिहार राज्यपाल के आदेश से

(···)

सरकार के संयुक्त सचिव, वित्त विभाग

ज्ञापन संख्या—3/पी.ए. आ.-03-28/12/600
वि., पटना, दिनांक 14-2-2013

प्रतिलिपि—महालेखाकार, बिहार, पटना/राँची/ वैयक्तिक वित्त विभाग को सूचनार्थ एवं आवश्यक काररवाई हेतु प्रेषित।

(···)

सरकार के संयुक्त सचिव, वित्त विभाग।

□

19

पृष्ठांकन

पृष्ठांकन का प्रयोग तब किया जाता है जब कोई कागज मूल रूप से भेजने वाले को ही लौटाना हो, किसी और मंत्रालय अथवा संबद्ध या अधीनस्थ कार्यालय को सूचना, टीका-टिप्पणी या निपटने के लिए मूल अथवा उसकी नकल के रूप में भेजना हो।

इसका प्रयोग तब होता है जब पत्रादि पानेवाले के अलावा उसकी नकल और किसी को भेजनी हो। इस स्थिति में पृष्ठांकन का रूप भिन्न-भिन्न हो सकता है।

नमूना

संख्या… …
भारत सरकार,
रक्षा मंत्रालय,
नई दिल्ली
दिनांक… …

निम्नलिखित पत्रों की एक-एक प्रति सूचना तथा आवश्यक कारखाई के लिए अधोलिखित कार्यालयों को प्रेषित की जा रही है—

1. मुख्य प्रशासनिक अधिकारी
2. ... ...
3. ... ...

प्रेषित किए गए पत्रों की सूची—

1. गृह मंत्रालय का ज्ञापन सं... ...
2. वित्त मंत्रालय का कार्यालय ज्ञापन संख्या... ...

कृते
अवर सचिव
भारत सरकार

□

20

तार

- तार सिर्फ बहुत जरूरी मौके पर भेजे जाते हैं। पुष्टि-प्रतियाँ (Confirmation Copies) डाक से भेजी जाती है।
- डाक से कम-से-कम शब्दों में संदेश भेजने की पद्धति को तार (Telegram) कहते हैं।
- अब हिंदी में भी तार भेजने की प्रक्रिया डाकघरों में प्रचलित हो गई है।
- 'देवनागरी में तार' नामक पुस्तिका को केंद्रीय सचिवालय हिंदी परिषद्, दिल्ली ने प्रकाशित किया है।

हिंदी तारों के संबंध में सामान्य नियम—

1. दस अक्षरों तक के शब्द पर एक शब्द का तार-प्रभार (Telegram-Charge) लगता है।
2. दस अक्षर में एक से सात तक की ही गिनती होती है।
3. मात्राओं को अलग नहीं गिना जाता है। जैसे—ज+ी=जी (एक शब्द)।
4. संपूर्ण क्रियावाचक वाक्य या वाक्यांश के लिए एक ही शब्द का प्रभार लगता है।

जबकि अंग्रेजी में 'Has Been Sent' के लिए तीन शब्द का प्रभार लगता है।

5. संबंधसूचक और विभक्ति चिह्नों को एक साथ मिलाकर लिखा जाता है। जैसे—रामकेलिए, आगरा में इत्यादि।
6. समासयुक्त शब्द को एक गिना जाता है। जैसे—संतोषजनक, उत्तराकांक्षी इत्यादि।
7. कृ, क्ष, न, ज्ञ के लिए अलग-अलग एक शब्द का प्रभार लगता है।
8. व्यापारिक चिह्न को संस्थाएँ गिनाने के लिए पाँच अंकों या चिह्नों तक के समूह को एक शब्द गिना जाता है।
9. जहाँ तार भेजा जाता है उस स्थान के नाम को एक शब्द गिना जाता है।
10. वक्ररेखा को भी एक शब्द माना जाता है। जैसे—मई/जून (दो शब्द नहीं बल्कि तीन शब्द होगा)

नमूना

(निजी तार)

तार

भारत सरकार

दूर संचार विभाग

सेवा निर्देश जैसे जवाबी सरकारी बधाई इत्यादि।	प्रभार	पथ संख्या	भेजने का ब्योरा

श्रेणी समय संख्या पटना सिटी 2 तारीख सेवा अनुदेश 10/12 शब्द

मूलतार घर

सेवा में,

श्याम नारायण सिंह मोकामा पोस्ट एकौना आरा

मसौदा

शादी के लिए रुपया के साथ जल्द आओ

....

रामशरण प्रसाद

....

....

तारीख/मोहर

प्रेषक

तार से न भेजा जाए

भेजनेवाले का हस्ताक्षर व पूरा पता

रामशरण प्रसाद

बालगोदन गली, पटना सिटी

नमूना

(सरकारी तार)

विकास

मुंबई

क्रमांक...... बीस नवंबर का आपका पत्र/आपकी सभी योजनाएँ स्वीकृत विस्तृत हिदायतें अलग से प्रेषित।

योजना आयोग

(तार में सम्मिलित करने के लिए नहीं)

क ख शर्मा,

अवर सचिव, योजना आयोग

भारत सरकार

योजना आयोग

नई दिल्ली, दिनांक

क्रमांक... ...

पुष्टि के लिए प्रतिलिपि सचिव, महाराष्ट्र सरकार,
विकास विभाग मुंबई को डाक से प्रेषित।

क ख शर्मा,

अवर सचिव, योजना आयोग

□

21

तुरंत पत्र

तुरंत पत्र की भाषा तार की सी होनी चाहिए और पानेवाले को भी उस पत्र को उतनी ही प्राथमिकता देनी चाहिए। अत्यधिक शीघ्रता के मामलों को छोड़कर और सभी हालतों में जहाँ तक हो सके, तार के बदले तुरंत पत्र से ही काम लेना चाहिए।

नमूना

प्रेषक : भारतीय राजदूतावास, वाशिंगटन

सेवा में,

विदेश मंत्रालय,

नई दिल्ली।

संख्या... ... वाशिंगटन, दिनांक... ...

भारत और अमेरिका के बीच सांस्कृतिक विषयक योजनाओं के संबंध में आपकी मंजूरी अभी तक अपेक्षित है। मामला अत्यंत आवश्यक है। उत्तर अविलंब दिया जाए।

क ख ग

प्रथम सचिव

भारतीय राजदूतावास, वाशिंगटन

□

22

प्रारूप एवं टिप्पण-लेखन

प्रारूप को अंग्रेजी में 'Draft' और प्रारूप-लेखन को ड्राफ्टिंग 'Drafting' कहते हैं। प्रारूप दो प्रकार के होते हैं—

प्रारंभिक प्रारूप (Primary Drafting)

उन्नत या उच्चतर प्रारूप (Advanced Drafting)।

प्रारंभिक प्रारूप में वैयक्तिक और सामाजिक पत्र आते हैं तथा उच्चतर प्रारूप में सरकारी-पत्रों, सूचनाओं, परिपत्रों, समझौतों के आलेख या प्रारूप (मसौदे) तैयार किए जाते हैं।

प्रारूप तैयार करते समय निम्नलिखित बातों पर ध्यान देना चाहिए—

1. विषय (Subject)
2. निर्देश
3. विभाजन
4. कंडिका (Paragraph)
5. प्रारूप की भाषा सरल, सुबोध और स्पष्ट हो।
6. अनुलग्नक—पत्र के साथ अन्य पत्र संलग्न करना हो तो उनका उल्लेख पत्र के नीचे अंत में बाईं ओर कर देना चाहिए।

टिप्पणी लिखते समय निम्नलिखित क्रम का ध्यान रखना चाहिए—

1. उल्लेख्य विषय का संकेत।
2. उस विषय का संक्षिप्त संदर्भ और इतिहास।
3. उस विषय के विभिन्न पहलू।
4. हर एक पहलू के निस्तारण का सुझाव।

टिप्पण के महत्त्वपूर्ण वाक्य

1. देखा, धन्यवाद।
2. कृपया पिछला टिप्पण देख लें।
3. कागज-पत्र मिला लिए गए हैं।
4. केवल सूचना के लिए।
5. देखकर लौटा दिया।
6. इस संबंध में पृष्ठ··· ··· पर दी गई टिप्पणियाँ देख ली जाएँ।
7. बात कर लीजिए।
8. मैं सहमत हूँ।
9. मुझे कोई आपत्ति नहीं है।
10. तुरंत काररवाई करें।
11. स्पष्टीकरण माँग लिया जाए।
12. तुरंत अनुस्मारक भेजिए।
13. यह प्रस्ताव बिलकुल नियमानुकूल है।
14. अनुज्ञा या अनुमति देने के लिए हम सक्षम हैं।
15. सचिव महोदय ने देख लिया है।
16. इस संबंध में कुछ नहीं कहना है।
17. इसका हमसे कोई संबंध नहीं है।
18. कृपया इस विषय पर पूरा टिप्पण प्रस्तुत कीजिए।
19. हम भी उक्त निर्णय को जानना चाहते हैं।

20. मामले को प्रस्तुत करने में हुई देरी के लिए खेद है।
21. यह मामला पुलिस के हवाले किया जाए।
22. संबंधित पत्र भेजे जा रहे हैं, काम होने पर इन्हें लौटा दें।
23. इस कार्यालय में 12 कुरसियों की बेंत फिर से लगनी है। यह काम शीघ्र करा लिया जाए।
24. उपर्युक्त सुझावों के आधार पर उत्तर का प्रारूप तैयार कीजिए।
25. इस मामले का निस्तारण शीघ्र करने का अनुरोध किया जाए।
26. अपेक्षित जानकारी इस कार्यालय में उपलब्ध नहीं है, आप कृपया निदेशालय से पत्राचार करें।
27. आवेदन अस्वीकार कर दिया जाए।
28. इस प्रस्ताव पर विचार करने से पहले हम जानना चाहते हैं कि यह सभा किसने और किसकी आज्ञा से बुलाई थी।
29. संस्था के हित में इस मामले पर कोई काररवाई न करना ही उचित है।
30. यह विषय हमारे विभाग से संबंधित नहीं है। इसका संबंध वाणिज्य विभाग से है। ये कागजात उसी विभाग को भेजे जाएँ।
31. सूचनार्थ प्रस्तुत है।
32. प्रारूप अनुमोदन के लिए प्रस्तुत है।
33. इस मामले का संक्षेप में सार नीचे दिए गए अनुच्छेदों में दिया जा रहा है।
34. हम 15 जून··· ··· को गृह मंत्रालय में हुई बैठक के कार्यवृत्त की प्रतीक्षा कर लें।
35. संचिका (कागज-पत्र) कृपया वापस कीजिए।
36. शिक्षा-मंत्रालय से परामर्श किया जाए।
37. प्रारूप तदनुसार संशोधित कर दिया गया है।
38. आपकी इच्छानुसार ज्ञापन का पुनरीक्षित प्रारूप है।
39. इस मामले का तिथिवार सारांश नीचे दिया गया है।

40. विचाराधीन मामले का संक्षिप्त वृत्त पृष्ठ··· ··· पर दिया गया है।
41. आगे कोई काररवाई अपेक्षित नहीं है।
42. कृपया इसे अविलंबनीय या अरजेंट समझें।
43. संबद्ध फाइल या संचिका नीचे रखी है।
44. शिक्षा मंत्रालय से परामर्श किया जाए।
45. इस संबंध में पृष्ठ ··· ··· और··· ···पर दिए गए आदेश और टिप्पणियाँ देख लें।
46. हम वित्त मंत्रालय को फिर विचार करने के लिए कहें।
47. फाइल पर निर्णय होने तक इसे रोके रखिए।
48. फाइल को लौटाने में हुई देरी के लिए खेद है।
49. यह प्रमाणित किया जाता है कि बिल की रकम सही व्यक्तियों को चुकाई गई है।
50. यह राशि वसूल होने से रही। इसे बही-खाते में डाल दिया जाए।
51. बिल की जाँच-पड़ताल कर ली गई है। यह ठीक है। भुगतान के लिए पारित किया जाए।
52. इस राशि को बही-खाते में डालने से पहले जिम्मेदारी निर्धारित करना आवश्यक होगा।
53. जो आदेश दिया जा चुका है, उसमें संशोधन का कोई कारण नहीं है।
54. ऊपर दिए गए सुझावों के आधार पर उत्तर का प्रारूप तैयार किया जाए।
55. जाँच पूरी की जाए और रिपोर्ट जल्दी प्रस्तुत की जाए।
56. पहले हम महानिदेशक से सही स्थिति जान लें।
57. हम आपसे सहमत हैं।
58. आवेदित आकस्मिक छुट्टी दी जाए।
59. औपचारिक अनुमोदन आवश्यक है। उसे प्राप्त कर लिया जाए।

60. हम मुख्यमंत्री के दूसरे पत्र की प्रतीक्षा कर लें।
61. प्रस्ताव पर सहमत होने से पहले नीचे लिखे ब्योरे माँगना जरूरी होगा।
62. प्रशासनिक अनुमोदन प्राप्त किया जाए।
63. यथाप्रस्तावित काररवाई की जाए।
64. स्पष्टीकरण माँगा जाए।
65. कार्यालय इसे सावधानी से नोट कर ले।
66. भारत सरकार से व्यवस्था अथवा आदेश प्राप्त किया जाए।
67. कृपया सभी को दिखाकर फाइल कर दीजिए।
68. प्रारूप अब जारी कर दिया जाए।
69. इस फाइल का निस्तारण शीघ्र करने का अनुरोध किया जाता है।
70. मामले को प्रस्तुत करने में हुई देरी के लिए खेद है।
71. अगले विवरण या रिपोर्ट की प्रतीक्षा कीजिए।

टिप्पण-लेखन के लिए निर्देश

1. टिप्पण बहुत लंबा या विस्तृत नहीं होना चाहिए। उसे यथासंभव संक्षिप्त और सुस्पष्ट होना चाहिए।
2. कोई भी टिप्पण मूलपत्र (Original Letter) पर नहीं लिखा जाना चाहिए। उसके लिए कोई अन्य कागज या बफ-शीट का प्रयोग करना चाहिए।
3. टिप्पण में यदि किसी पत्र का खंडन करना हो, तो वह बहुत ही शिष्ट और संयत भाषा में किया जाना चाहिए तथा किसी भी दशा में किसी प्रकार का व्यक्तिगत आरोप या आक्षेप नहीं किया जाना चाहिए।
4. यदि एक ही मामले में कई बातों पर अलग-अलग आदेश लिये जाने की आवश्यकता हो तो उनमें से हर बात पर अलग-अलग टिप्पण लिखना चाहिए।

5. टिप्पण लिखने के बाद लिपिक या सहायक को नीचे बाईं ओर अपने हस्ताक्षर करने चाहिए। दाईं ओर का स्थान उच्च अधिकारियों के हस्ताक्षर के लिए छोड़ देना चाहिए।
6. कार्यालय की ओर से लिखे जा रहे टिप्पण में उन सभी बातों या तथ्यों का सही-सही उल्लेख होना चाहिए जो उस पत्रावली के निस्तारण के लिए आवश्यक हों।
7. टिप्पण सदा स्याही से लिखे या टंकित होने चाहिए।
8. जहाँ तक संभव हो, टिप्पण इस ढंग से लिखा जाना चाहिए कि पत्रावली में पत्र जिस क्रम में लगे हों, टिप्पण में भी उनका वही क्रम रहे।
9. टिप्पणों में ऐसे शब्दों का प्रयोग कभी नहीं करना चाहिए, जिसका अर्थ समझने में कठिनाई हो।
10. यथासंभव एक विषय पर कार्यालय की ओर से एक ही टिप्पण लिखा जाना चाहिए।

□

23

डिस्पैच

- यह एक सरकारी लिखित संदेश होता है।
- यह विशेष रूप से सैनिक काररवाई के लिए भेजा जाता है।
- इसे वरिष्ठ अधिकारी स्वयं लिखते हैं।
- आजकल इस काम के लिए कई इलेक्ट्रॉनिक साधन उपलब्ध हैं।

डिस्पैच का एक नमूना

1. शत्रु झाड़ियों में छिपे हैं, खबरदार।
2. अभी खाइयों में पड़े रहो।... ...
3. गोला-बारूद, आज भेज दिया जाएगा।

□

24

सेविंग्राम

- यह द्रुत डाक से भेजा जानेवाला गुप्त संदेश होता है।
- यह तार के समान होता है, लेकिन इसे तार द्वारा नहीं भेजा जाता।
- इस तरह के पत्र पर तुरंत कारवाई करने का प्रावधान है।
- संचार माध्यमों के विस्तार से इसका प्रचलन लगभग समाप्त हो गया है।

सेविंग्राम का एक नमूना

सं··· ···

उत्तर प्रदेश शासन
खाद्य एवं रसद अनुभाग-1

लखनऊ, दिनांक··· ···

सेवा में,

जिलाधिकारी, आगरा।

रेलवे स्टेशन छावनी में पड़े गेहूँ के बोरों की बारिश से रक्षा

करने हेतु 10 तिरपाल भेजे जा रहे हैं और अधिक आवश्यकता हो तो सूचित करें।

हस्ताक्षर

नाम··· ···

अवर सचिव

प्रतिलिपि नागरिक आपूर्ति अधिकारी को सूचनार्थ प्रेषित।

□

25

विज्ञापन

- विज्ञापन सरकारी और गैर-सरकारी (निजी) दोनों तरह के होते हैं।
- यह प्रक्रिया शुद्ध रूप से व्यवसाय के क्षेत्र से संबंधित है।
- यह नौकरी, बिक्री बढ़ाने के लिए प्रचार के निमित्त, टेंडर इत्यादि के लिए निकाले जाते हैं।

नमूना-1

नलकूप प्रखंड··· ··· के कार्यालय हेतु एक पक्के भवन, ग्राउंड फ्लोर, जिसमें पाँच कमरे, कारपेट एरिया लगभग 800 वर्गफुट हो, की आवश्यकता है। भवन रोड पर स्थित होना चाहिए। भवन के सामने जीप आदि खड़ी करने का स्थान हो। इच्छुक भवन मालिक अपने भवन के नक्शे, स्वामित्व के प्रमाण एवं किराए की दर के साथ प्रार्थना-पत्र सहायक अभियंता चतुर्थ नलकूप प्रखंड-2,··· ··· के कार्यालय में दिनांक··· ···सायं··· ···बजे तक प्रस्तुत करें।

सहायक अभियंता
चतुर्थ नलकूप प्रखंड-2

दिनांक... ...

नमूना-2

इंडियन ऑयल

इंडियन ऑयल कॉरपोरेशन लिमिटेड (पाइप लाइन प्रभाग),
बरौनी-कानपुर पाइप लाइन,
पो.—बरौनी ऑयल रिफाइनरी, जिला—बेगूसराय—851114
(बिहार)

निविदा आमंत्रण सूचना

निविदा सूचना सं./ कार्य का नाम	बिक्री अवधि (दोनों दिन सहित)	संपर्क व्यक्ति
बी.के.टी. एस/960/ 2011-12/17 बी.के. पी.एल. लखनऊ में 250 के.एल. क्षमतावाला डबल डेक फ्लोटिंग रूफ, टैंक एवं अन्य संबंधित काम का डिजाइन, फेब्रिकेशन और निर्माण का कार्य	24.10.2011 से 16.11.2011	मुख्य तकनीकी सेवा प्रबंधक इ-मेल : akmishra@lodeo.in फोन : 06243-244804, 275815 फैक्स : 06243-244484

विस्तृत विवरण के लिए कृपया हमारी वेबसाइट www. indianoiltenders.com पर पधारें।

नमूना-3

जवाहर नवोदय विद्यालय,

गोपालगंज, बिहार

निविदा आमंत्रण सूचना

जवाहर नवोदय विद्यालय,··· ···गोपालगंज के लिए संविदा वाहन मासिक किराया दर पर देने हेतु मुहरबंद निविदाएँ आमंत्रित की जाती हैं। वाहन मॉडल संविदा शर्त एवं अनुबंध की जानकारी निविदा प्रपत्र में दी गई है। निविदा प्रपत्र प्राचार्य, कार्यालय, जवाहर नवोदय विद्यालय,··· ··· के कार्यालय अवधि में प्रातः 10:00 बजे से अपराह्न 02:00 बजे तक प्रकाशन की तिथि से 10 दिनों के अंदर 200 रुपए नकद भुगतान पर प्राप्त किया जा सकता है। भरी हुई निविदाएँ पंजीकृत डाक से प्रकाशन की तिथि से 15 दिनों के अंदर शाम 4:00 बजे तक पहुँच जानी चाहिए। मुहरबंद निविदाएँ विद्यालय क्रय सलाहकार समिति की बैठक में खोली जाएँगी, जिसकी सूचना विद्यालय सूचना पट्ट पर उपलब्ध करा दी जाएगी। किसी भी निविदा को आंशिक या पूर्ण रूप में निरस्त करने का अधिकार अध्यक्ष, विद्यालय क्रय समिति के पास सुरक्षित रहेगा, जिसे चुनौती नहीं दी जा सकती है।

(त्रिभुवन पांडेय)
प्राचार्य
ज. न. वि. ··· ···गोपालगंज

□

26

नीलामी सूचना

- नीलाम करने का कार्य सार्वजनिक रूप से विज्ञापित करके किया जाता है।
- नीलामी की शर्तें नीलाम करने से पूर्व घोषित की जाती हैं।

नमूना

श्री··· ···की अस्थायी संपत्ति की नीलामी उनके अस्पताल के सामने स्थित दुकान पर तारीख··· ···को अपराह्न··· ···बजे वाराणसी न्यायालय के प्रतिनिधि की उपस्थिति में की जाएगी। नीलाम की जानेवाली वस्तुओं में इस व्यापारिक प्रतिष्ठान के उपस्कर आदि (मेजें, कुरसियाँ, सेफ, दरियाँ इत्यादि शामिल हैं।) अधोहस्ताक्षरी द्वारा जनसाधारण को सूचनार्थ विज्ञप्ति।

हस्ताक्षरकर्ता
तहसीलदार
··· ···, जिला–इलाहाबाद

तारीख··· ···

☐

27

समन

- यह किसी मुकदमे के वादी, प्रतिवादी या गवाह को जारी किया जाता है।
- इसे न्यायालय, जज या मजिस्ट्रेट लिखित रूप से जारी करता है।
- इसमें हाजिर होने या पेशी की निश्चित तारीख और समय लिखा रहता है।
- समन की तामील कोर्ट का कोई कर्मचारी उस (संबंधित) व्यक्ति के पते पर स्वयं जाकर कराता है।
- यह एक प्रकार की सूचना ही है, लेकिन इसका अनुपालन अनिवार्य होता है।

नमूना

वाद संख्या... ...
वादी, नाम एवं पता... ...
प्रतिवादी, नाम एवं पता... ...

वादी की दरखास्त पर प्रतिवादी को सूचित किया जाता है कि

वह स्वयं या उसका वकील (प्रतिनिधि के रूप में) वादी द्वारा उठाए गए वाद का उत्तर देने के लिए··· ···की अदालत में तारीख··· ···20··· ···को 11 बजे प्रातः हाजिर हो। उसकी अनुपस्थिति में इकतरफा फैसला सुनाया जा सकता है।

सिटी मजिस्ट्रेट

··· ···

□

28

लाइसेंस (अनुज्ञप्ति)

- नशीली वस्तुएँ बेचने के लिए, बंदूक आदि आग्नेयास्त्र रखने के लिए, पेट्रोल-तेल इत्यादि के व्यवसाय के लिए, वाहन चलाने के लिए (तेल युक्त वाहन) लाइसेंस की आवश्यकता होती है।
- इसके लिए मुद्रित फॉर्म होता है, उसे आवेदक द्वारा भरा जाता है।
- लाइसेंस की अवधि निश्चित होती है।
- ऊपर जिनका ब्योरा दिया गया है वे सभी कार्य लाइसेंस के बिना नहीं किए जा सकते हैं।
- अवधि की समाप्ति के बाद लाइसेंस का नवीकरण कराया जाता है।

नमूना

डी.एल. N.V.-56 इलाहाबाद

नाम··· ···

पता··· ···इलाहाबाद

हस्ताक्षर··· ···

लाइसेंस का प्रभाव-क्षेत्र : अखिल भारतीय

मोटर कार

मोटर साइकिल

वाहन चालन के लिए अधिकृत माना-लाइसेंस की वैधता··· ···से··· ···।

धारक का क्षेत्र—उत्तर प्रदेश राज्य

नवीकृत··· ···से··· ···तक हस्ताक्षर

नवीकृत··· ···से··· ···तक हस्ताक्षर

नवीकृत··· ···से··· ···तक हस्ताक्षर

नवीकृत··· ···से··· ···तक हस्ताक्षर

□

29

परमिट

नागरिक आपूर्ति कार्यालय, पटना परमिट

नाम… …

पिता का नाम… …

पता… …

जिन्स—चीनी/चावल, मिट्टी का तेल

मात्रा—25 किलोग्राम चीनी

मात्रा—25 किलोग्राम चावल

मात्रा—10 (दस) गैलन मिट्टी का तेल

निमित्त—लड़की की शादी के अवसर पर दरखास्त के साथ संलग्न

हस्ताक्षर… …

नाम… …

सहायक नागरिक आपूर्ति अधिकारी

□

30

पोस्टर एवं सूचना-लेखन

प्रत्येक व्यक्ति किसी-न-किसी संस्था के साथ जुड़ा रहता है। संस्था से संबद्ध सदस्यों या अन्य लोगों को संस्था की विशेष गतिविधियों के संबंध में कभी-कभी खास जानकारी देनी होती है। यह जानकारी सूचना के माध्यम से दी जाती है। इसके कुछ उदाहरण नीचे दिए गए हैं।

नमूना-1

विद्यालय में सूचना

सभी छात्र-छात्राओं को सूचित किया जाता है कि दुर्गापूजा के शुभ अवसर पर विद्यालय में अध्यापन-कार्य दिनांक 7.10.2013 से 15.10.2013 तक स्थगित रहेगा। पुनः उक्त कार्य अपने नियत समय पर दिनांक 16.10.2013 से पूर्ववत् प्रारंभ रहेगा।

आदेशानुसार
प्राचार्य

नमूना-2

परीक्षा की सूचना

विद्यालय के सभी छात्र-छात्राओं को सूचित किया जाता है कि सभी वर्गों की वार्षिक परीक्षा दिनांक 15.12.2013 से आरंभ होने जा रही है। इससे संबद्ध विशेष जानकारी के लिए विद्यालय कार्यालय से संपर्क करें।

आदेशानुसार

प्राचार्य

नमूना-3

जिला पशुपालन कार्यालय, समस्तीपुर

पशुपालकों के लिए सूचना

समस्तीपुर जिले के प्रत्येक प्रखंड में पशु एवं मत्स्य संसाधन (पशुपालन) विभाग द्वारा 10 अक्तूबर से पशु बाँझपन चिकित्सा एवं प्रशिक्षण शिविर के आयोजन का प्रखंडवार एवं तिथिवार विवरण इस प्रकार है—

समस्तीपुर में कृत्रिम गर्भाधान केंद्र सिंधिया खुर्द में 10 अक्तूबर को, पूसा में पशु चिकित्सालय, पूसा (घोवगामा) में 11 अक्तूबर को,⋯ ⋯तथा मोहनपुर में प्रमुख पशु चिकित्सा पदाधिकारी, पटोरी, मोहनपुर प्रखंड में स्थल तय करेंगे।

डॉ. चंद्रदेव गुप्ता, जि. पशुपालन पदाधिकारी, समस्तीपुर

पोस्टर

किसी संस्था के उद्घाटन की जानकारी देने या किसी संस्था द्वारा उत्पादित वस्तुओं के प्रचार-प्रसार के लिए पोस्टरबाजी एक सशक्त माध्यम है। इसके माध्यम से जनसाधारण को विभिन्न जानकारियाँ दी जाती हैं।

नमूना-1

कपिला पशु आहार

प्यार बढ़ेगा,

दूध बहेगा!

आपके दुलारे पशु के लिए हम बनाते हैं कपिला पशु आहार, जो दे सबसे ज्यादा, यानी 75% पोषण। साथ-ही-साथ बेहतर स्वाद, अच्छा स्वास्थ्य एवं लंबी आयु, अब आपके पशु को प्यार मिलेगा और आपके घर दूध-ही-दूध बहेगा।

- अच्छा स्वास्थ्य
- लंबी आयु
- शुद्ध दूध

नमूना-2

मुलतानी च्यवनप्राश स्पेशल

1 किलोग्राम के पैक पर 100 मिलीलीटर कूका कफ सीरप बिलकुल मुफ्त

बेहतर स्वास्थ्य

संपूर्ण सुरक्षा

मुलतानी फार्मास्युटिकल्स लि., एच 36, कनॉट प्लेस, नई दिल्ली, हेल्प लाइन···

e-mail··· ···

□

31

इ-मेल

इलेक्ट्रॉनिक संचार-साधनों द्वारा पत्र-व्यवहार को इलेक्ट्रॉनिक मेल कहते हैं। इसके लिए आजकल संक्षिप्त शब्द 'e-mail' प्रचलित है। इंटरनेट के चलन से आजकल अपने संदेशों के आदान-प्रदान के लिए इ-मेल का व्यापक स्तर पर प्रयोग हो रहा है। इससे पत्र-व्यवहार में समय और धन दोनों की बचत होती है। इंटरनेट से इ-मेल आदान-प्रदान की एक बड़ी विशेषता यह है कि इसमें अपने संदेश को इंटरनेट से जुड़े किसी भी कंप्यूटर से प्राप्त किया जा सकता है। यह सुविधा डाक-विभाग द्वारा पत्रों के आदान-प्रदान में नहीं है। आज इ-मेल का प्रचलन बहुत तेजी से बढ़ रहा है।

□

32

प्रश्न-शृंखला

व्यक्तिगत पत्र

1. अपने पिता को घर की कुशलता के विषय में पत्र लिखिए।
2. अपने माता/पिता को अपनी किसी भूल के लिए क्षमा–याचना करते हुए पत्र लिखिए।
3. अपने पिता को वन–विहार की अनुमति–प्राप्ति के लिए एक पत्र लिखिए।
4. अपने पिता को ग्राम–सुधार व समाज कार्य की सूचना के लिए एक पत्र लिखिए।
5. बड़े भाई को पत्र लिखकर उनके द्वारा दी गई सीख पर अनुसरण का आश्वासन दीजिए।
6. छोटे भाई को पत्र लिखकर छात्रावास में रहने का आनंद बताइए।
7. छोटे भाई को पत्र लिखकर उसे मन लगाकर पढ़ने की सलाह दीजिए।
8. छोटे भाई को पत्र लिखकर अधिक टी.वी. न देखने की सलाह दीजिए।

9. बड़ी बहन को पत्र लिखकर पंचवर्षीय योजनाओं की आवश्यकता पर चर्चा कीजिए।
10. अपने बड़े भाई को एक स्टडी टेबल खरीदने के लिए रुपए भेजने का निवेदन कीजिए।
11. अपने मित्र को छोटे भाई के विवाह में उपस्थित होने के लिए एक पत्र लिखिए।
12. निकटतम संबंधी से प्राप्त विवाह संबंधी निमंत्रण-पत्र के उत्तर में एक पत्र लिखिए।
13. मित्र को एक पत्र लिखिए, जिसमें स्वावलंबन के लिए प्रेरणा दीजिए।
14. अपनी सखी को एक पत्र लिखिए, जिसमें उसे गीता-अध्ययन करने की सलाह दी गई हो।
15. अपने मित्र को जन्म-दिन की बधाई देते हुए एक पत्र लिखिए।
16. अपने मित्र को विद्यालय में सर्वोच्च स्थान प्राप्त करने के लिए बधाई दीजिए।
17. बोर्ड की परीक्षा में प्रथम आने पर मित्र को बधाई-पत्र लिखिए।
18. अपने विद्यालय के वार्षिकोत्सव पर अपने मित्र को निमंत्रण-पत्र लिखिए।
19. अपनी सखी के दुर्घटनाग्रस्त होने की जानकारी मिलने पर एक सांत्वना पत्र लिखिए।
20. अपने मित्र के पिता की आकस्मिक मृत्यु पर शोक में सांत्वना देने के लिए एक पत्र लिखिए।
21. मैट्रिक की परीक्षा में अनुत्तीर्ण होने के बाद अपने मित्र की दुःखी अवस्था में सांत्वना देते हुए एक पत्र लिखिए।
22. अपने मित्र की माताजी के आकस्मिक निधन पर उसे शोक-संदेश भेजिए।
23. अपने विद्यालय की किसी विशेष घटना (मनोरंजक घटना)

का वर्णन करते हुए अपने मित्र को पत्र लिखिए।

24. अपने पिता को एक पत्र लिखिए, जिसमें अपने विद्यालय के वार्षिक पुरस्कार वितरण का वर्णन हो।
25. अपने छोटे भाई को रक्षा–बंधन के संबंध में एक पत्र लिखिए।
26. पिता की ओर से पुत्र को एक पत्र लिखिए, जिसमें विद्यार्थियों की हड़ताल में भाग न लेने की सलाह दी गई हो।
27. बहन का बच्चा बीमार होने पर बहन को सांत्वना–पत्र लिखिए।
28. अपनी कक्षा में प्रथम आने की सूचना अपने मामाजी को पत्र द्वारा दीजिए।
29. विद्यालय में नए आए हुए शिक्षक की विशेषताएँ बताते हुए अपने मित्र को एक पत्र लिखिए।
30. विदेश से लौटनेवाले मित्र को विदेशी वस्तु न लाने की सलाह देते हुए एक पत्र लिखिए।
31. अपने मित्र को उसके वार्षिक परीक्षा में सफल होने पर एक बधाई–पत्र लिखिए।

आवेदन-पत्र

32. आवश्यक कार्य हेतु अवकाश के लिए अपने प्रधानाचार्य को प्रार्थना–पत्र लिखिए।
33. बड़े भाई के विवाह में सम्मिलित होने के लिए तीन दिन के अवकाश के लिए अपनी प्रधानाचार्या को प्रार्थना–पत्र लिखिए।
34. अपने विद्यालय के प्रधानाचार्य को शुल्क–मुक्ति के लिए प्रार्थना–पत्र लिखिए।
35. अपने विद्यालय की प्रधानाचार्या को बीमारी के अवकाश के लिए आवेदन–पत्र दीजिए।
36. अपने प्रधानाचार्य को दंड–क्षमा के लिए एक प्रार्थना–पत्र लिखिए।

37. बीमारी के कारण परीक्षा न दे सकने पर अपने प्रधानाचार्य को 'चिकित्सा-अवकाश' के लिए एक आवेदन-पत्र लिखिए।
38. शिक्षा-निदेशक को छात्रवृत्ति के लिए एक आवेदन-पत्र लिखिए।
39. चरित्र-संबंधी प्रमाण-पत्र प्राप्त करने के लिए अपने महाविद्यालय के प्रधानाचार्य को एक आवेदन-पत्र लिखिए।
40. विद्यालय में पानी की सुव्यवस्था के लिए अपने प्रधानाचार्य को एक प्रार्थना-पत्र लिखिए।
41. विषय-परिवर्तन की प्रार्थना करते हुए अपने प्रधानाचार्य को एक आवेदन-पत्र लिखिए।
42. बाजार की सफाई के लिए स्वास्थ्य अधिकारी के नाम एक आवेदन-पत्र लिखिए।
43. जिलाधिकारी को गाँव में औषधालय खोलने के लिए एक आवेदन-पत्र लिखिए।
44. क्षेत्र में मच्छरों के प्रकोप से मलेरिया फैलने की संभावना देखते हुए स्वास्थ्य अधिकारी को एक आवेदन-पत्र लिखिए।
45. अपने क्षेत्र में पेड़-पौधों की अत्यधिक कटाई को रोकने के लिए वन विभाग के सक्षम अधिकारी को एक आवेदन-पत्र लिखिए।
46. परिवहन निगम के अध्यक्ष को बस-सेवा की शिकायत करते हुए एक आवेदन-पत्र लिखिए।
47. बस में छूटे सामान का पता लगाने के उद्देश्य से कोलकाता परिवहन निगम के प्रबंधक को एक आवेदन-पत्र लिखिए।
48. अपने क्षेत्र के थानाध्यक्ष को अपना स्कूटर चोरी होने की रिपोर्ट दर्ज करने के लिए एक आवेदन-पत्र लिखिए।
49. पोस्ट-मास्टर को पोस्टमैन की शिकायत लिखते हुए एक आवेदन-पत्र लिखिए।
50. गुंडों द्वारा शरारत से जनता की कठिनाइयों एवं जनसुविधाओं

का वर्णन करते हुए पुलिस अधिकारी को एक आवेदन-पत्र लिखिए।

51. मनीऑर्डर गुम होने के संबंध में पोस्टमास्टर को एक शिकायती पत्र लिखिए।

व्यावसायिक पत्र

52. कुछ पुस्तकें मँगवाने के लिए पुस्तक प्रकाशक को एक पत्र लिखिए।
53. गलत माल मिलने की शिकायत करते हुए पुस्तक विक्रेता को एक पत्र लिखिए।
54. सुधा डेयरी के प्रबंधक को श्राद्ध कर्म में दही, रसगुल्ले इत्यादि मँगवाने का आदेश देते हुए एक पत्र लिखिए।
55. 'उषा' कंपनी के प्रबंधक को आवेदन देकर कुछ पंखे मँगवाने की चेष्टा कीजिए।
56. शिवम कैंडिल वर्क्स के प्रबंधक को पत्र लिखकर दीपावली में अपने यहाँ खपत के अनुसार मोमबत्ती मँगवाने का आवेदन-पत्र लिखिए।
57. रेडियो के कार्यक्रमों के विषय में रेडियो स्टेशन के निदेशक को सुझाव देते हुए एक पत्र लिखिए।
58. बैंक में खाता बंद करवाने के लिए बैंक प्रबंधक को आवेदन-पत्र लिखिए।
59. पत्र-शैली में क्लर्क पद के लिए आवेदन-पत्र लिखिए।
60. बैंकिंग सेवा भर्ती बोर्ड, इलाहाबाद के सचिव को लिपिक-पद के लिए आवेदन-पत्र लिखिए।
61. हाउस टैक्स बिल ठीक कराने के लिए नगर-निगम के हाउस टैक्स अधिकारी को एक पत्र लिखिए।
62. विद्यालय में काव्य-संध्या के लिए एक निमंत्रण-पत्र लिखिए।

सरकारी पत्र

63. भारत सरकार के मानव-संसाधन विकास मंत्रालय की ओर से हरियाणा प्रदेश के शिक्षा मंत्रालय को एक पत्र लिखिए, जिसमें स्कूलों में 10+2 शिक्षा प्रणाली लागू करने का निर्देश दिया गया हो।
64. मानव संसाधन विकास मंत्रालय, भारत सरकार की ओर से किसी विद्वान् को आदर्श-सरकारी पत्र लिखिए, जिसमें उनसे नई शिक्षा-प्रणाली पर पचपन मिनट का वक्तव्य देने के लिए कहा गया हो।
65. भारत सरकार के गृह मंत्रालय की ओर से एक परिपत्र जारी कीजिए, जिसमें केंद्रीय कार्यालयों में हिंदी के प्रयोग को प्रोत्साहन देने का निर्देश दिया गया हो।
66. भारत सरकार के परिवार कल्याण मंत्रालय की ओर से सरकार के जन-स्वास्थ्य विभाग को अनुस्मारक लिखकर उनसे पिछले वर्ष की रिपोर्ट माँगिए।
67. अर्द्धसरकारी अनुस्मारक के रूप में भारत सरकार के गृह मंत्रालय की ओर से साहित्य अकादमी के सचिव को पत्र लिखकर पिछले वर्ष के समारोह का विवरण प्राप्त कीजिए।
68. हिमाचल प्रदेश सरकार के शिक्षा विभाग की ओर से कार्यालय आदेश जारी कीजिए जिसमें ...नामक प्राध्यापक की सेवाएँ कहीं अन्य हस्तांतरित कर दी गई हों।
69. हरियाणा सरकार के उद्योग मंत्रालय द्वारा एक लेखपाल की नियुक्ति का ज्ञापन तैयार कीजिए।
70. हिमाचल प्रदेश सरकार के गृह मंत्रालय के संयुक्त सचिव के नाम एक कार्यालय ज्ञापन तैयार कीजिए, जिसमें रिक्त मकान आवंटित करने की सूचना दी गई हो।

71. किसी दैनिक समाचार-पत्र को लिखिए, जिसमें नगर-निगम में जगह-जगह आवारा घूमनेवाले पशुओं की समस्या पर जनता तथा अधिकारियों का ध्यान आकर्षित किया गया हो।
72. हिंदुस्तान, नई दिल्ली के संपादक को एक पत्र लिखिए, जिसमें लाउडस्पीकरों के मनमाने उपयोग की शिकायत दर्ज कीजिए।
73. दैनिक हिंदुस्तान के मुख्य संपादक को बढ़ती महँगाई के प्रति चिंता प्रकट करते हुए पत्र लिखिए।
74. दैनिक पत्र के संपादक को एक शिकायती पत्र लिखिए, जिसमें नया डाकघर स्थापित करने की माँग हो।
75. दैनिक हिंदुस्तान के मुख्य संपादक को पत्र लिखिए, जिसमें सार्वजनिक समारोह में राष्ट्रगान के प्रति उपयुक्त सम्मान दरशाने का उल्लेख हो।
76. दहेज प्रथा की बुराई पर हिंदुस्तान समाचार-पत्र के संपादक को एक पत्र लिखिए।
77. सती-प्रथा की बुराई पर प्रकाश डालते हुए दैनिक जागरण के संपादक को एक प्रत्र लिखिए।
78. झुग्गी-झोंपड़ी बस्ती में आवश्यक जन-सुविधाओं की अव्यवस्था का उल्लेख करते हुए दैनिक अखबार के संपादक को एक पत्र लिखिए।
79. अपने क्षेत्र में कानून और व्यवस्था की बिगड़ती हुई स्थिति पर किसी दैनिक अखबार के संपादक के नाम एक पत्र लिखिए।
80. किसी दैनिक अखबार के संपादक को पत्र लिखकर अपने क्षेत्र में सड़क दुर्घटनाएँ रोकने के लिए सुझाव दीजिए।

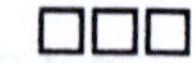